职业院校创新创业通识课系列教材

大学生创新创业素养提升手册

主　编　关春燕　陈苗青

副主编　王俊人　王旭升　庞海松　胡文婷

编　委　王　辉　方雄伟　周　晗　郭刚志　丁文剑

　　　　包　颖　孟　琳

电子工业出版社

Publishing House of Electronics Industry

北京·BEIJING

内容简介

本书围绕大学生创业过程中应具备的创新意识、创业精神和创新创业能力展开编写，引导学生树立创业梦想，培育创业素养，掌握创新方法，拓展创业思路。本书设计了学习目标、学习任务、学习导读、名言警句、情景案例、知识要点、课堂活动、拓展阅读、实践练习等9个模块，采用案例分析、小组讨论、问题导向、体验式教学等方法，以增强课堂教学的互动性，提高教学成效。

图书在版编目（CIP）数据

大学生创新创业素养提升手册 / 关春燕，陈苗青主编. —北京：电子工业出版社，2022.7

ISBN 978-7-121-43784-7

Ⅰ.①大… Ⅱ.①关… ②陈… Ⅲ.①大学生－职业选择－教材 Ⅳ.①G647.38

中国版本图书馆CIP数据核字（2022）第101407号

责任编辑：康　静

印　　刷：天津画中画印刷有限公司

装　　订：天津画中画印刷有限公司

出版发行：电子工业出版社

　　　　　北京市海淀区万寿路173信箱　邮编100036

开　　本：787×1092　1/16　印张：7.75　字数：198.4千字

版　　次：2022年7月第1版

印　　次：2022年7月第1次印刷

定　　价：36.00元

凡所购买电子工业出版社图书有缺损问题，请向购买书店调换。若书店售缺，请与本社发行部联系，联系及邮购电话：（010）88254888，88258888。

质量投诉请发邮件至 zlts@phei.com.cn，盗版侵权举报请发邮件至 dbqq@phei.com.cn。

本书咨询联系方式：（010）88254609，hzh@phei.com.cn。

前　言

随着我国社会主义现代化强国事业的推进，大众创业、万众创新的热潮不减，社会对创新创业人才的需求日益紧迫，对创新创业人才培养也提出了更高的目标。大学生创新创业素养培育是高校创新创业教育的重要内容。提升大学生创新创业素养，有利于强化学生的创业意识、创新精神和创新创业能力，提高学生创业成功率，促进学生全面发展。编者根据目前高校创新创业人才培养实际情况，整理出《大学生创新创业素养提升训练手册》，以期达到如下目的：

1. 为高校创业班、创业精英班中创业课程的教学内容提供参考；

2. 采用多种教学方法，丰富课堂的教学形式和内容，提高学生创新创业素养培育成效；

3. 强化学生创新意识、创业精神和创新创业能力的培养，促进学生创新创业意识向实践转化，提高创业成功率；

4. 充实高校大学生创新创业通识教育课程体系，积累创新创业教育素材。

本书分为上、下两篇，分别包含 8 个主题，主要围绕大学生创业前期和创业过程中应具备的创新创业意识、创业素养展开编写，设计了学习目标、学习任务、学习导读、名言警句、情景案例、知识要点、课堂活动、拓展阅读、实践练习等 9 个模块，采用案例分析、小组讨论、问题导向、体验式教学等方法来增强课堂教学的互动性，提高教学成效。

本书由关春燕、陈苗青主编，同时，义乌工商职业技术学院创业学院资深的实战型创业导师和四川省的阿坝师范学院、威州民族师范学校教师参与了编写，主题切合创新创业学生培养实际。

本书在编写过程中，参考了部分书刊和网络资源，引用了部分文献和案例。在此，向这些作者表示诚挚的感谢！同时，感谢电子工业出版社的大力支持！

主　编

目　录

contents

上 篇

一、拥抱创业梦想

（一）学习目标

1. 知识目标：了解梦想的含义和作用
2. 技能目标：学会合理规划目标，制订实施计划
3. 素养目标：激发创业意识和创业激情，树立创业梦想

（二）学习任务

1. 完成实践练习
2. 思考和规划大学生活和学习目标，树立创业梦想

（三）学习导读

1.《鸡毛换糖—市场记》
2.《我是演说家》

（四）名言警句

纵使是自不量力的梦想，还是要在胸中牢牢立下这个目标，并向同仁展示这个目标。这一点非常重要！

——稻盛和夫（日本著名实业家、企业家）

一个人想要成功，想要改变命运，有梦想是重要的。我觉得每个人都应该心中有梦，有胸怀祖国的大志向，找到自己的梦想，认准了就去做，不跟风不动摇。同时，我们不仅仅要自己有梦想，还应该用自己的梦想去感染和影响别人，因为成功者一定是用自己的梦想去点燃别人的梦想，时刻播种梦想的人。

——李彦宏（百度董事长兼首席执行官）

我们因梦想而伟大，所有的成功者都是大梦想家：在冬夜的火堆旁，在阴天的雨雾中，梦想着未来。有些人让梦想悄然绝灭，有些人则细心培育、维护，直到它安然度过困境，迎来光明和希望，而光明和希望总是降临在那些真心相信梦想一定会成真的人身上。

——威尔逊（美国第 28 任总统）

世界上最快乐的事，莫过于为理想而奋斗。

——苏格拉底（古希腊著名哲学家）

（五）情景案例

坚持梦想，把爱好做成了事业

"梦想还是要有的，万一实现了呢？"这句在网上很流行的话，在四川省宜宾市的刘旭飞身上，被体现得淋漓尽致，从小心中就有一个汽车梦的他，一直坚守着自己的梦想。多年坚持，为了梦想两度辞职创业，如今的他，终于梦想成真，将自己心中的梦想变成了自己的事业，在宜宾开设了赛车运动的正规赛车场。

热爱汽车 汽车杂志每期必买

和每个小男孩一样，小时候喜欢的，除了枪就是汽车。1980 年出生的刘旭飞自然也不例外。"小时候，我的玩具最多的就是汽车，还有就是机器人，而机器人里，也以变形金刚的汽车人为主。"刘旭飞说，他也不知道为什么，对汽车有一种说不清缘由的爱。

"接触到真正的车是在 2000 年，当时我哥送了我一台排量为 100CC 的二冲程踏板摩托车，那是我第一次驾驶到真正的车，虽然不是汽车，但是摩托车不一样的魅力同样征服了我。"那时收入不高，他就把买汽车杂志、摩托车杂志的钱单独存放，宁愿吃差点，也要买这些杂志来了解最新的汽车和赛车资讯，遇到电视上有赛车比赛的节目，就算熬夜也肯定不会落下。"随着对汽车和摩托车的热爱，他开始去了解赛车，了解赛车的性能、特点和各种相关知识，但当时，汽车对于他来说，还只是自己最爱的东西，还没成为自己的事业。

辞职创业 首次创业 2 年失败

2007 年，刘旭飞取得了驾照，用自己存的钱，终于为自己买了人生第一辆车。他每次从事的工作也和汽车有关，在保险公司做过车险理赔，在出租汽车公司做过车辆安全管理，也在汽车修理服务公司上过班。

因为热爱汽车，刘旭飞身边也有一群狂热的汽车爱好者，大家时常在一起讨论汽车，慢慢地也谈到了汽车后市场、赛车运动等，大家一起还去考了赛车驾驶证，并且抽时间前往全国各地参加和观摩各种赛车比赛。终于，"让爱好成为事业"这样的种子在心底开始萌芽，并迅速成长起来。

"辞职发生在 2014 年，家里还是比较反对的，我给家里人做了近 1 个月的工作，给家里人讲未来汽车行业的机会，讲我的理想，最终做通了家里人的工作，我开始了第一次创业。"刘旭飞说，自己存了点钱，家里人也支持了他一些钱，和几个朋友一起开了一家汽车改装店，汽车改装店除了做正常的汽车维修保养，还给爱好者们改装汽车。"创业的激情是热烈的，但是现实不会因为热情而一定会有要好的结果。"刘旭飞说，汽车爱好者数量有限，汽车改装费用不低，市场评估不精准、业务不好，股东意见不一，第一次创业在 2 年后以失败告终。

再度创业　卡丁车项目成就梦想

第一次创业失败后，刘旭飞回归职场，做的同样是和汽车有关的工作，因为他心中对汽车的热爱并没有降温，反而更加坚定一个信念，汽车运动是很多人都热爱的，只是因为门槛较高，很多人无法迈入。通过前期的创业，他发现，很多人在看到他们改装出来的赛车后，都很热爱，但是费用较高，而且自己的汽车改装出来就无法正常上路，就算改装出来了，也没有一个合法的场地来体验，这让很多人被拦在了汽车运动的门外。如果能解决车和场地的问题，把入门门槛降低，这个事就一定能成功。他把自己的想法给同是赛车狂热爱好者的朋友老魏一说，两人一拍即合，于是，第二个创业计划在他们的筹划下开始萌芽。

他们平时各自上班，下班后就聚在一起聊天，谈各人了解到的赛车运动的最近情况，最终他们把目光锁定到了被称为最基础的赛车运动的卡丁车。吸取第一次创业失败的经验，为了考察项目，他和老魏一起到成都、重庆等有卡丁车赛车场的地方反复考察，并且和宜宾市的汽车爱好者们反复讨论，这一过程，既做了市场调研，也对项目进行了宣传。

相对第一次创业的冲动，第二次创业稳重多了。经过 2 年多的筹备，2019 年，刘旭飞的第二次创业正式提上了日程。装修、买车、试赛道……那段时间，他和老魏带着工人在场地里一干就是一整天，有时根本不知道天亮还是天黑。经过几个月的调试，红黑相间、极富冲击力的卡丁车赛车场终于诞生了。

因为有了前期的调研和准备工作，第二次创业比第一次创业顺利多了。一开始，刘旭飞选择向自己身边热爱赛车的朋友宣传，邀请他们来玩，然后通过他们再带来更多的朋友，再慢慢地通过培育核心车手，引入比赛机制，不到两年时间，赛车场已经有几百名会员了。

回顾自己的创业经历，刘旭飞说，自己是幸运的，自己的爱好就是自己的事业，要执着、坚持，因为如果第一次创业失败，自己就放弃了，那也不会有今天的卡丁车赛车场，也不会有第二次创业的成功。

（六）知识要点

1. 梦想的含义

梦想是对未来的一种期望，是心中努力想要实现的目标，是在现实中想未来的事或是可以达到但必须努力才可以达到的境况。

梦想是一种让你感到坚持就是幸福的东西，是人生的目标。梦想是激发活力的源泉，对人生有着重要的导向性作用，许许多多伟大的事业都靠梦想走下去，一直到成功。

2. 梦想的作用

梦想是实现成功不可或缺的动力。智慧人类所具有的种种力量，其中最神奇的莫过于梦想的牵引。一切伟大的行动皆来自于光荣的梦想，梦想是引领人走向成功彼岸的航灯。

梦想作为人的精神生活的核心内容，一方面能使人的精神生活的各个方面统一起来，使人的内心世界成为一个健康的系统，保持心灵的充实和安宁，避免内心世界的空虚和迷茫；另一方面又引导人们不断地追求更高的人生目标，提升精神境界，塑造高尚的人格。一个人的梦想越崇高、越坚定，精神境界和人格就会越高尚。一个人在成长和成才的道路上，并非只有成功和花朵，也可能遇到挫折和失败，我们对此一定要有充分的准备。是在逆境中奋起，还是在逆境中消沉，常常成为一个人能否成功的关键。梦想是激励人们迎接挑战、克服困难的精神支柱和强大的力量，梦想越强大、越坚定，克服困难的勇气和意志就越坚定。

（七）课堂活动

1. **活动主题**：想象未来的你
2. **活动目的**：探寻心中的梦想
3. **活动组织**：

（1）请同学们保持闭眼，老师说可以睁开的时候再睁开眼睛，放空自己的思维，像是睡着了般……（一分钟，依然闭着眼睛）

（2）脑中联想，三十年以后的一天，你从床上醒来，你会在什么样的房间里？你身边是谁？是一个人呢？还是有其他人？如果还有其他人，那他或者他们是谁呢？起床，你会挑选一件什么样的衣服？你住在什么样的房子里？出门工作，你的出行方式，是自己开车还是乘坐公交车、地铁？你从事一份什么样的工作，当时的你是一家企业的大老板，还是小有所成的创业者，还是互道早安的"打工人"？你在工作中要处理哪些事情，和哪些人见面呢？你工作的心情又是如何呢？你什么时候结束工作？晚上还有什么安排？

4. **总结提升**：分享自己未来三十年后的样子，交流感受。

（八）拓展阅读

1. 三个工匠的故事

有三个工匠在一起盖房子，行人路过，分别问他们在干什么。

第一个工匠一脸茫然地说："没看到我在忙吗？工头安排我来砌砖呢。"

第二个工匠很兴奋地说："我在盖一栋很大的房子，等这房子盖好了，就可以住很多很多人。"

第三个工匠非常自豪地说："我要让这座城市变得更美丽。我要争取让城市里的每一个人都称赞我们的城市是最漂亮的。这是我这辈子一定要做的事情！"

十年以后……

第一个工匠还是一名普通的工匠，在埋头砌砖。

第二个工匠成了工程师，在工地上指挥大家建房子。

第三个工匠当上了这座城市的设计师，在他的规划下，这座城市正变得越来越漂亮。

这个故事中，第一个工匠每天都很忙碌，他把每天的忙碌当成一种习以为常的事情，只是听别人的安排，做完就算了，从来没有想过树立自己的使命，也不会发现工作背后的意义，于是工作起来没有动力，得过且过。时间一天天、一年年地过去了，他始终是一名普通的工匠。

第三个工匠虽然也是在盖房子，可在他的心目中，拥有一个为城市增添美丽的使命。因为有使命，这个工匠就有了明确的目标，为此不断地付出和努力。这样年复一年，他在实践使命的过程中，为自己赢得了精彩的人生。

2. 莱特兄弟的飞翔之梦

一百多年前，一位穷苦的牧羊人带着两个幼小的儿子以替别人放羊为生。

有一天，他们赶着羊来到一个山坡上，一群大雁鸣叫着从他们头顶飞过，并很快消失在远方。牧羊人的小儿子问父亲："大雁要往哪里飞？"牧羊人说："它们要去一个温暖的地方，在那里安家，度过寒冷的冬天。"大儿子眨着眼睛羡慕地说："要是我也能像大雁那样飞起来就好了。"小儿子也说："要是能做一只会飞的大雁该多好啊！"

牧羊人沉默了一会儿，然后对两个儿子说："只要你们想，你们也能飞起来。"两个儿子试了试，都没能飞起来，他们用怀疑的眼神看着父亲，牧羊人说："让我飞给你们看。"于是他张开双臂，但也没能飞起来。可是，牧羊人肯定地说："我因为年纪大了才飞不起来，你们还小，只要不断努力，将来就一定能飞起来，去想去的地方。"

两个儿子牢牢记住了父亲的话，并一直努力着，等他们长大——哥哥36岁，弟弟32岁时——他们果然飞起来了，因为他们发明了飞机。这两个人就是美国的莱特兄弟。

（九）实践练习

项目内容	思考和分析
我的 创业梦想	
可能遇到 的困难	
克服困难 的方法	

二、培育创业素养

（一）学习目标

1. 知识目标：了解创业者应具备的基本素养
2. 技能目标：学会如何培育创业素养
3. 素养目标：引导学生注重日常积累，树立发展意识

（二）学习任务

1. 认识创业素养的基本构成
2. 认识培养创业素质的价值

（三）学习导读

1. 《当幸福来敲门》
2. 《富豪谷底求翻身》

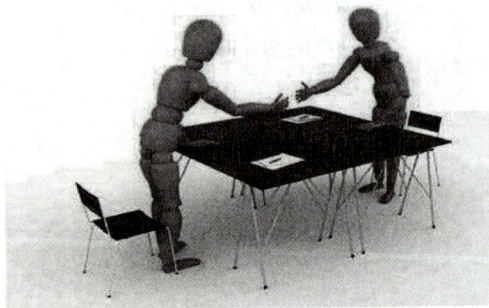

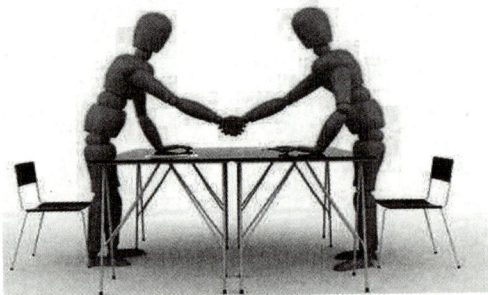

（四）名言警句

小胜凭智，大胜靠德。

——牛根生（蒙牛乳业集团创始人）

我认为做企业要有这些素质，特别在中国市场上，那就是：诗人的想象力、科学家的敏锐、哲学家的头脑、战略家的本领。

——宗庆后（娃哈哈集团创始人）

智力比知识重要，素质比智力重要，觉悟比素质重要。

——张瑞敏（海尔集团董事局主席）

要敢于面对自己的缺点，不断改进才能不断提升。

——郭广昌（复星国际执行董事兼董事长）

等待的方法有两种：一种是什么事也不做空等，一种是一边等一边把事业向前推动。

——屠格涅夫（俄国批判现实主义作家）

（五）情景案例

创业初期的俞敏洪

2006 年新东方在美国上市，作为新东方的创始人和校董，俞敏洪的财富陡增，成为"中国最富有的老师"，在这个神话背后，俞敏洪究竟扮演着一个怎样的角色？一个真实的俞敏洪是怎样的？他究竟是一个不错的教师，还是一个偶然成功的商人？或是一个被逼无奈的"痞子"？

北大是一个令俞敏洪百感交集的地方，俞敏洪对北大的情感，可以用五味杂陈、爱恨交织来形容。北大给予了俞敏洪什么？老俞每每讲起北大，似乎都是苦大仇深，讲他当年如何被北大边缘化、如何被忽视。俞敏洪有一段精彩的自我控诉：进了大学，没有一个女孩爱上过我，我是个 Loser(失败者)；在北大教了七年书没有什么成就，我还是个 Loser(失败者)；在北大十年没参加过任何活动、加入过任何团体，我是个 Loser(失败者)。当然，俞敏洪也承认北大对他的熏陶，没有北大，就没有新东方。现在新东方的一些精神，或者是一些做事情的方法，坦率地说是融入了北大精神的。

俞敏洪在北大教书四年后，终于分到 10 平方米的房子，这让他决定要把一辈子献给北大。但后来，看到同学、朋友都相继出国，俞敏洪忍不住了。他也开始紧锣密鼓地准备出国。在北大成绩并不优异的他，在努力了三年半后，留学梦断。为了生计，也为赚点钱继续他的出国梦，他在校外办起了托福班，为自己的出国费用快乐地忙碌着。

上帝也常常戏弄那些刚刚燃起希望的人。这次，俞敏洪受到的打击可谓是毁灭性的：1990 年的一个秋夜，俞敏洪和朋友高兴地喝着小酒，聊着家常，描绘着他渐渐清晰的出国梦。北大的高音喇叭，此时一如既往地播放着校园晚间广播。"你听你听，老俞，在说你呢！"同伴惊呼。原来，广播里正在播送对俞敏洪的处分决定。北大以这种极端的方式宣布了对英语系教师俞敏洪的处分，其中说了四五条处分理由，最严重的是打着北大的旗号私自办学。这个处分决定被大喇叭连播三天，北大有线电视台连播半个月，处分布告在北大著名的三角地橱窗里锁了一个半月。处分突然袭来，方式和程度如此激烈，表明了校方的震怒。北大的这种礼遇，就是要让他没有面子在北大待下去。颜面扫地的俞敏洪，只得选择离开。"北大踹了我一脚，当时我充满了怨恨，现在却充满了感激。"俞敏洪如此解释："如果一直混下去，我现在可能是北大英语系的一个副教授。"但当时，这个被赶出家门的北大教师，选择了做一个个体户。

俞敏洪的同事、新东方的李杜讲得幽默而到位："老俞被北大处分，作为三流文人，既想保留文人的体面，又缺乏一流文人的风骨，不敢自沉未名湖。于是退而求其次，唯有辞职，落草为寇。此谓置之死地而后生。但正是这落草为寇，激发出了他的痞子精神。"被北大逼上梁山的俞敏洪，从此走上了不归路。

离开北大后，俞敏洪首先面临的是如何进行自我调适、转变，被逼到悬崖边的他，开始相信商业的力量。他开始思考如何营销自己及自己的培训班，学会与社会、政府的各色人等打交道。一介书生，就此迈进江湖。

在北京冬日的寒风中，俞敏洪是这样起家的：一间 10 平方米的破屋，一张破桌子，一把烂椅子，一堆用毛笔写的小广告，一个刷广告的胶水桶。北京寒风怒号的冬夜，俞敏洪骑着自行车在北京的大街小巷刷广告。手冻麻了，拿起二锅头喝两口暖暖身子。寒风中喝二锅头贴小广告，这时候的俞敏洪，显出了痞子的狠劲。新东方人都有一种电线杆情结，因为新东方是靠老俞在电线杆上一张一张贴广告贴出来的。曾经因为市政建设，来人要拆新东方外面的两根电线杆，老俞急了，死活不让拆，最后花了 7 万元才保下那两根电线杆。教师出身的俞敏洪渐渐显露出他的经商才能，只靠三招，就打下了自己的江山。一是价格战，当时培训课程基本收费都在 300 ～ 400 元，俞敏洪只要 160 元，而且还是在 20 次免费授课之后，不满意可以不交钱。二是推出核心产品，他赖以成名的红宝书《GRE 词汇精选》。三是情感营销，向学生讲人生哲理，进行成功学式的励志教育，再加上他幽默的授课方式，深深地吸引了学生。俞敏洪认为自己的成功与做过老师有关，老师做企业家是比较容易成功的。因为他们理解人性，知道如何满足学生的要求。确实，他对学生心理的理解是深刻的，并且充分利用了学生对老师的信任、崇拜心理。

枪打出头鸟。很快，江湖的险恶就让俞敏洪有了深刻体会。俞敏洪的名声响了，招的学生越来越多，但也断了别人的财路。中国的培训市场一直是一个充满杀戮的江湖，地盘的争夺战蔓延到了贴广告的电线杆，先是俞敏洪的广告被对手覆盖，后来当场就把老俞的广告给撕了，并捅伤了老俞的员工，对手情急之下使出了狠招。俞敏洪只能求助于公安。创业路上几多艰辛。此时的俞敏洪，完全没有了北大的书生气。除了他那瘦瘦的身材和厚厚的眼镜，痞子精神附身了，一个企业家的身影渐次清晰。一个人创业是孤单的。俞敏洪想起了海外的兄弟：徐小平、王强和包凡一。于是，他不远万里，前去邀请他们回来一起办新东方。他们来新东方，怀着理想主义的激情和对自由的憧憬。靠着这种梁山聚义的草寇方式，借着当时的英语学习热和出国热，新东方开始如野草般疯狂生长。

（六）知识要点

新创企业的兴衰成败，在很大程度上取决于创业者的个人素质。一个成功的创业者通常需要具备哪些方面的素养呢？

1. 宏观意识

搞个小店是创业，办个工厂也是创业，三百六十行，行行都有自己的门道。但是国际形势在不断地变化，国内政策也在不断地调整，市场的波动可能带来机会，也可能带来毁灭性的灾难。培养宏观意识有利于抓住机会，避开危险。创业者要培养全球化意识，学会从宏观上分析问题，从高处往下看，反过来再寻找向上的阶梯。创业者虽然都是从小做起的，但是最终能够发展起来的都是具有宏观意识、能够把握住机会的人。

2. 理性思维

创业是一步一步做大的，创业者要克服好高骛远、好大喜功的想法，树立务实的创业精神。作为创业者，应当志存高远，但是同时也需要有脚踏实地的实干精神，步步为营按照市场规律办事，从小处做起。秦池酒厂花三亿元争夺广告"标王"，搞一个名牌，极具赌博性；巨人集团刚有几千万元资金，就要建亚洲第一高楼。这些都属于典型的急功近利、不切实际的非理性决策。企业要根据现有的条件及外部环境提供的可能性，制订切实可行的方案，进行理性决策。

3. 风险意识

创业不是靠运气，而是靠胆识和谋略，但又不是"不入虎穴，焉得虎子"式的赌博，而是一种理性的风险投资。它集融资与投资为一体，因此必须要有一定的风险意识及防范风险的意识。判断一定要准确、合理，考虑自己的能力及风险承受能力，时刻注意环境的变化，把风险控制在最小的程度。

4. 人品正直

企业规模小的时候，实行"人管人"；企业到了一定规模，创业者必须建立规矩和标准，实行"制度管人"。创业者必须以人为本，学会管人、育人、用人、激励人；切忌"家长制""一言堂"，克服个人英雄主义倾向，尊重人才，用好人才。创业者必须遵守诺言，信誉是金字招牌，忌信口开河，廉价承诺。自己做错了事情就要勇于承认错误，绝不狡辩，同时要做规章制度的模范执行者。

5. 自我否定

从就业者到创业者，有时会犯经验主义错误。经验是一种宝贵的财富，背叛自己的经验，倾听属下的建议有时不容易做到，但是对于创业者来说却是非常重要的。刚愎自用、拒绝否定自我是创业过程中最大的敌人，也是许多创业者最容易犯的错误。从某种意义上看，创业者大多数是理想的现实主义者，他们希望以一种浪漫的手法来实现自己的目标。创业者必须做好两点：一是要对经验采取审视态度，二是善于倾听。老老实实地读些书，想些问题，认认真真地向别人请教，使自己具有持之以恒的创新精神。

6. 运筹能力

初创企业总是从小到大的。企业规模小时，创业者需要务实，做大了就要适当务虚。创业者必须能妥善分配企业的资源、调整企业的方向，应该运筹帷幄，决胜千里，切忌凭借感觉和冲动做事，如果等做错了再去救火，企业可能已经化为灰烬了。日常每一项工作都应该按照统筹学的要求，慎重地对待每一次决策，时刻警惕着市场上的点滴变化。

7. 协作精神

学会如何与别人合作是创业者要解决的一大难题。许多合作不欢而散的原因，一是个人过于主观，怕被别人轻视；二是利益上的冲突难以协调。但是对于企业来讲，协作是非常重要的，许多情况下把人员组织好，就可以做出很好的业绩来。创业者选好自己的项目以后，要培养与人协作的精神，不要自以为是，目中无人，也不要钻到钱眼里。协作包括两个方面：一是与外部单位的合作，在这方面要有长远眼光；二是与内部员工的合作，不要斤斤计较，在利益分配上要公正、合理，学会与人交流，加强与合作者情感上的沟通，居高临下的姿态是不可取的。

8. 个人魅力

个人魅力作为职务影响力的必要补充，可以凝聚人心，鼓舞士气，使员工乐意为自己的企业工作，也可以给自己的合作伙伴留下美好的印象。个人魅力对于创业者来说，第一是讲信誉，所谓"言必信，行必果"；第二是诚实，切合实际制订方案；第三是胸襟广阔，厚人薄己，勇于承担责任；第四是要懂得一些必要的专业知识。此外，作为创业者，还应该关心职工的工作、学习与生活，服务于企业，造福于社会。

（七）课堂活动

活动主题：讨论大学生创业素养的提升途径。

（八）拓展阅读

1. 永远的坐票

有一个人经常出差，经常买不到对号入座的车票。可是无论长途短途，无论车上多挤，他总能找到座位。

他的办法其实很简单，就是耐心地一节车厢一节车厢找过去。这个办法听上去似乎并不高明，但却很管用。每次，他都做好了从第一节车厢走到最后一节车厢的准备，可是每次他都用不着走到最后就会发现空位。他说，这是因为像他这样锲而不舍找座位的乘客实在不多。经常是在他落座的车厢里尚余若干座位，而在其他车厢的过道和车厢接头处，居然人满为患。

温馨提示：自信、执着、富有远见、勤于实践，会让你握有一张人生之旅永远的坐票。

2. 更羸射飞鸟——知识的力量是无穷的

战国时期，魏国有一个非常著名的射手叫更羸。一日，更羸与魏王在高台下面，发现天上有一只大雁正飞过来，更羸对魏王说："大王，我能够不用箭，只要把弓拉一下，就会把天上飞着的鸟射下来。"魏王似乎不相信地问："你射箭的本领能够达到这样的地步？"更羸说道："可以。"

就看见更羸一手托着弓，另一只手拉了一下弦，那只大雁便顺声从空中掉了下来。魏王看到后大吃一惊，说道："射鸟的本领怎么能达到这样的地步！"更羸笑着对魏王讲："没什么，这是一只受过箭伤的鸟。"魏王毫不掩饰地问："你是怎么知道的呢？"更羸对魏王说："这只大雁飞得很慢，叫声悲惨。飞得慢，是因为它旧伤口作痛；叫声悲惨，说明它离开群雁很久了。它旧伤没有痊愈，而害怕的心理还没消失，所以听到弓弦的声响，猛地向上高飞，引起旧伤迸裂，就从空中落了下来。"

温馨提示：渊博的知识、丰富的经验、正确的推理、理智的研究，用这些去观察事物，会发现别人没有觉察到的点，也会达到很好的效果。

（九）实践练习

1. 观看电影《当幸福来敲门》或《富豪谷底求翻身》，结合创业素养主题交流观后感

2. 创业素质自测

指导语：对人生是否充满好奇与渴望，反映了你对新奇事物的追求和对生活充分体验、享受的能力。下面介绍10道自测题，每题都有A、B、C三种选项，每种答案无所谓正确或错误，请你看清楚每一道题的意思，根据自己的实际情况和真实想法，以最快的速度诚实作答，每题只选一项。

（1）公司办公室里安装了一台新的电脑打印机，你会（　　　　）。

A. 尽量避免使用它　　　B. 很愿意使用它　　　C. 向别人请教它是怎样工作的

（2）在迪斯科舞会上，别人在跳一种你不会跳的舞，你会（　　　　）。

A. 站起来，学着跳

B. 看别人跳，直到改跳慢节拍舞曲

C. 请一位朋友私下里教你这种新舞步

（3）和朋友去一家西式餐厅吃饭，你想用刀叉吃，可又不会，于是你会（　　　　）。

A. 看着别人怎样使用刀叉，自己跟着学

B. 仍旧使用筷子或勺子

C. 在别人不知道的情况下请教服务员

（4）你身处异地，对其方言仅知只言片语，于是你会（　　　　）。

A. 依然讲普通话，因为你还不能熟练地使用当地的方言

B. 只用有把握的词句

C. 尽可能多地使用它，相信人们都是友好的

（5）参加一次你不甚了解的会议，你会（　　　　）。

A. 提出许多问题

B. 会后查询一下没懂的地方

C. 假装能领会别人的意思

（6）最近这一段时间你需要复习功课准备考试，朋友约你去看电影，你会说（　　　　）。

A. 对不起，等我忙完这一段日子再去看吧

B. 这一段时间很忙走不开，就免了吧

C. 你说得对，今晚不复习功课了，明天再复习吧

（7）你走进一家时装店，结果却发现店里只有几件衣服，而且衣服上都没有价目标签，于是你会（　　　　）。

A. 转身出去

B. 举止自然并询问是否有适合你的衣服

C. 为避免尴尬，看一下陈列的衣服，然后离开

（8）你的老师让你去做一件你从未做过的事，你会（　　　　）。

A. 答应试试，并说："不过我需要帮助。"

B. 有礼貌地拒绝了，因为它超出了你的经验范围

C. 埋头到这项工作里，尽量把它干好

（9）街上流行一种很时髦的服装，你是（　　　　）。

A. 仍旧穿以前的衣服，觉得穿着时尚很不自在

B. 立即买一套穿上

C. 观望一段时间，如果周围的朋友都买了，再去买一套

（10）如果你做的某件事情需要根据某一公式重复计算数十次，但这在电脑上很容易解决，并且现在有一台电脑可供你使用，而你却不会使用，这时你会（　　　　）。

A. 查电脑使用手册或请教别人，在电脑上把结果算出来

B. 仍旧愿意多花点时间，用手重复计算

C. 请别人上机代你算出来，你在旁边看

记分：

题号	A	B	C	题号	A	B	C
1	0	1	2	6	1	0	2
2	2	0	1	7	0	2	1
3	2	0	1	8	1	0	2
4	0	1	2	9	0	2	1
5	2	1	0	10	2	0	1

解析：

15分以上：对人生充满好奇与渴望。你喜欢"新奇"和"挑战"，愿意尝试任何新事物，说明你对自己很有信心，不愿放弃每一个机会。但凡事皆想试可能会有风险，应尽可能避免盲目跟进。有时承认自己对某些事不了解而寻求帮助与合作，也是很有益处的，这可以避免浪费许多时间。敢于尝试可以使你前进，但要把握好尺度。总之，好奇心可以使你学到更多的知识。在工作上你喜欢尝试新鲜的职业，但别看花了眼睛。

7～14分：你对人生的追求有些谨慎，最终会和陌生的事物交上朋友，但这通常需要时间。谨慎虽然是件好事，但它却妨碍你发现自己真正的能力。所以不妨抓住机会尝试一下，你可能会得到意想不到的结果。不要太在意结果会是怎样，只有试过了才不会后悔。你可以边工作，边找一份兼职，尝试做一些自己没有做过的工作。

6分以下：在新事物面前畏缩不前。你对自己不熟悉的事物通常采取回避的态度，容易被从未尝试过的事物所吓倒，从而失去许多人生的乐趣和发展机会。你也许对自己期望过高，认为只有表现得完美才是令人满意的。不管怎样，当你下次遇到新事物、新机会，不要再犹豫不决或畏缩不前，应该激励自己尝试新的东西。你适合从事稳定一些的工作。

三、掌握创新方法

（一）学习目标

1. 知识目标：了解创新的概念
2. 技能目标：掌握创新的方法
3. 素养目标：培养创意营销的意识，拓宽创新思路

（二）学习任务

1. 学会如何创新
2. 完成练习测试，加强创新方法认知

（三）学习导读

学习强国：山东交通职业学院《创新创业实务》

（四）名言警句

想象力比知识更重要，因为知识是有限的，而想象力概括着世界上的一切，推动着进步，并且是知识进步的源泉。

——爱因斯坦（现代物理学家）

要创新需要一定的灵感，这灵感不是天生的，而是来自长期的积累与全身心的投入。没有积累就不会有创新。

——王业宁（中国物理学家）

现在一切美好的事物，无一不是创新的结果。

——约翰·穆勒（英国经济学家）

创新是企业的灵魂，是企业持续发展的保证！

——海尔集团

（五）情景案例

郑裕彤首创制造九九九九金

黄金销售算是一种特殊的行业，不知底细的人，老板是绝对不敢滥用的。周家曾与郑家交往甚深，懂事的郑裕彤自小就给周家留下良好的印象，赶上"周大福"金铺正好缺可靠的伙计，便接纳了小阿彤。

郑裕彤从杂役干起，每天进行扫地、擦灰尘、洗厕所、倒痰盂等里里外外的清洁工作，等一切准备停当后，他再和姗姗来迟的大伙计们一起开店门做生意。懂事的小阿彤一个心眼想着不辜负老板的"不弃之恩"，老老实实、勤勤恳恳地工作。

"周大福"金铺因入行较晚，因此店面在当时名气不大。入店后不久，小阿彤的勤劳和在工作中体现的智慧逐渐为周至元所赏识。此后仅半年时间，周至元就提升郑裕彤正式在金铺当学徒了。

当时，由于广州、香港沦陷，不少金铺迁移澳门，金铺几乎随处可见，竞争激烈。郑裕彤似乎天生便是为黄金珠宝而生的，他对珠宝生意极有兴致，很快就掌握了坐店营销的要领并痴迷似地钻进了行当。

后来郑裕彤才知道，父母亲与同在广州绸缎庄做过伙计的周至元一家是患难之交，情同手足。周、郑之妻又同时有喜，于是两家"指腹为婚"约定了亲家。天公作美，周家生了女儿，郑家生了男儿，恰好成了天生一对。到"周大福"金铺做学徒时，父亲担心儿子以"郎婿"自居，而不求上进，没有告诉他这件事。

三年后，在周至元的主持下，郑裕彤果真与周家的掌上明珠周翠英结为连理。那年夫妇俩同是18岁，其后50余年直至今日，夫妻俩始终相敬如宾。

1946年，21岁的郑裕彤到香港设立了"周大福分行"。他跑遍了全港各家金银珠宝行，集各家之所长用于领导分行的经营，使分行生意十分看好。但郑裕彤并不满足，他清醒地认为："在商场上'守业'就等于'败业'，要在不断创新中前进才能图谋发展。"

因此，他又一改原有的资本结构模式，邀集同事，组建"周大福珠宝金行有限公司"，这也是香港金饰珠宝业最早的有限公司机构。

当时在香港，金铺比比皆是，竞争十分激烈。那时，黄金成色一律为九九金，而郑裕彤却大胆投入资金，首创制造了九九九九金，率先开创了金饰制造的新工艺，同时也领导了消费领域的新潮流，此项壮举为"周大福"今后的发展奠定了雄厚的经济基础。郑裕彤锐意进取，不断开拓新市场，短短几年，"周大福"分行便已增至 11 家。

当郑裕彤将"周大福"推上一个新台阶后，他又开始向新的领域进军了。

郑裕彤具有极强的驾驭市场的能力。在香港，郑裕彤享有"珠宝大王"的美称，而这还不仅仅指他的金饰，更有后来使他进入世界珠宝之林的钻石业。

按照国际上的规定，持有"戴比尔斯"牌照，方可批购钻石，而全世界也不过只有 500 张这种牌照。一些业内人士称，"要从戴比尔斯购到钻石，简直比从天上摘星星还难"。

郑裕彤并未因此而退却，他绞尽脑汁，顿生主意，他决定在南非买下一间持有"戴比尔斯"牌照的公司。这不但使他顺利拥有"戴比尔斯"牌照，并且到 20 世纪 70 年代，郑裕彤已成为香港最大的钻石进口商，每年的钻石入口量约占全港的 30%。

翻开"周大福"的创业史，每一页都有郑裕彤几十年如一日的奋斗足迹：20 世纪 60 年代初，一手握着黄金，一手伸向钻石，叱咤风云于急风暴、雨刺刀见红的商场上，稳操胜券；70 年代，兴建香港新世界中心，这座恢宏的大厦至今仍然是尖沙咀的招牌建筑；80 年代，与香港贸易局合作建成香港会展中心，名列亚洲同类建筑之最；90 年代，率先大举进军祖国内地，投资祖国的建设事业。此外，他还收购亚洲电视股权，组建全港最大的酒店集团，收购美国 Stouffer 集团海外 28 间酒店和欧洲 Penta Hotel 集团 9 间酒店。

（六）知识要点

1. 创新的概念

创新是指以现有的思维模式提出有别于常规或常人思路的见解为导向，利用现有的知识和物质，在特定的环境中，本着理想化需要或为满足社会需求，而改进或创造新的事物、方法、元素、路径、环境，并能获得一定有益效果的行为。

（1）社会学概念

创新是指人们为了发展需要，运用已知的信息和条件，突破常规，发现或产生某种新颖、独特的有价值的新事物、新思想的活动。创新的本质是突破，即突破旧的思维定势，旧的常规戒律。创新活动的核心是"新"，它或者是产品的结构、性能和外部特征的变革，或者是造型设计、内容的表现形式和手段的创造，或者是内容的丰富和完善。

（2）经济学概念

创新是指以现有的知识和物质，在特定的环境中，改进或创造新的事物（包括但不限于各种方法、元素、路径、环境等），并能获得一定有益效果的行为。简单地说，创新就是利用已存在的自然资源或社会要素创造新的矛盾共同体的人类行为，或者可以认为是对旧有的一切所进行的替代、覆盖。经济学上，创新概念的起源为美籍经济学家熊彼特（Joseph Alois Schumpeter）在 1912 年出版的《经济发展概论》。熊彼特在其著作中提出："创新是指把一种新的生产要素和生产条件的'新结合'引入生产体系。"它包括五种情况：引入一种新产品，引入一种新的生产方法，开辟一个新的市场，获得原材料或半成品的一种新的供应来源，新的组织形式。熊彼特的创新概念包含的范围很广，如涉及技术性变化的创新及非技术性变化的组织创新。

2. 创新的表现形式

创新涵盖众多领域，包括政治、军事、经济、社会、文化、科技等各个领域的创新。因此，创新可以分为科技创新、文化创新、艺术创新、商业创新等。创新突出体现在三大领域：学科领域——表现为知识创新，行业领域——表现为技术创新，职业领域——表现为制度创新，常见表现形式有以下几种。

（1）开拓式创新

开拓式创新是最有价值，也最有难度的一种创新。这种创新所创造的事物是历史上不曾出现过的，是全新的，并且对于历史进程具有深远的影响，它往往伴随着天才人物的灵光乍现，带有一定的偶然性。

比如牛顿开创的经典物理学，爱因斯坦开创的相对论，哥伦布发现了新大陆，莱特兄弟发明了飞机，乔布斯发明的 iPad、iPhone，制药公司发明的新药，等等。

（2）升级式创新

开拓式创新固然重要，但也有"起了个大早，赶了个晚集"这句话，还会看到很多开拓者没有赚到钱、模仿者赚了个盆满钵满的例子。

比如说福特并不是汽车的发明者，但福特却靠 T 型车成了当年的风云人物；比尔·盖茨虽然不是图形化操作系统的发明者 (图形化最早的发明者是施乐公司、最早的商用者是苹果)，但他的 Windows 却几乎统治了个人电脑。升级式创新其实非常重要，因为早期产品是比较粗糙的，而且往往是价格昂贵的，升级式创新起到了完善产品、降低门槛的作用，因此他们同样值得尊敬。

（3）差异化创新

大概 10 年前，定位理论开始风靡于营销界，颇有营销就等于定位、定位就等于营销的感觉。其实，定位理论所适合的，只是差异化创新这个领域。

差异化的例子估计大家随便就可以举出来一大堆，比如说专门给老人使用的手机、专门定位于办公的 Thinkpad 笔记本、专门用来越野的 Jeep 车……差异化创新应该是最常见的一种创新模式，它是由消费者驱动的创新模式。

（4）组合式创新

要理解什么是组合式创新，想想瑞士军刀就明白了。给一个拖拉机装上一门大炮，就得到了一辆坦克；给手机装上摄像头就有了"扫一扫"的可能性；给眼镜装上小电脑就成了 Google Glass；给牙刷装上发动机就成了电动牙刷。

组合式创新同样是一种常见的创新模式，它依赖的不是技术进步，而是对于新需求的敏锐洞察。

（5）移植式创新

所谓移植式创新，就是把在 A 领域所使用的技术或模式，移植到看似没有关联的 B

领域，从而创造出新的产品或模式。

例如，吉列在剃须刀领域发明了"刀架＋刀片"的模式，把重复购买率低的刀架以极低的利润出售，提高市场占有率，然后再通过出售重复购买率很高的刀片来赚钱。亚马逊的 Kindle 在策略上和吉列简直如出一辙，它以极低的利润率出售 Kindle，基本上没有在硬件上赚到多少钱，但是 Kindle 的普及带动了电子书的销售，总体来看亚马逊还是赚到的。在电子书项目上，亚马逊没有学习纸质书的商业模式，反而学习了剃须刀的商业模式，这就是移植式创新。移植式创新依赖的是对于商业模式本质的理解。

（6）精神式创新

在大部分发展到成熟阶段的行业当中，不要说开拓式创新、升级式创新的机会没有了，就连差异化创新的机会也没有什么空间，这时候能够依赖的就是精神式创新了，只能通过取得人们在情感、文化、价值观层面的共鸣来实现创新。

如果你的消费者消费你的产品是因为可以通过你向外界传递出自己的价值主张，比如说通过开牧马人标榜自己很有男子气概、通过穿无印良品来标榜自己很小资、通过去西藏旅行来标榜自己很文艺，那么你就成功了。不过精神式创新是一道窄门，因为真正具有价值观输出能力的企业并不多。

（7）破坏式创新

可能很多人都听到过这样一句话："不要和傻瓜理论，因为他会把你拉到和他一样的水平线上，然后用他丰富的经验打败你。"破坏式创新就是这样一种创新，行业的新进入者相对于行业领先者，唯一的优势就是他没有什么东西好失去，所以他就可以制定新的、带有破坏性的行业规则，然后把你拉到和他一样的水平线上面，再用他的经验打败你。

当年淘宝打易趣，易趣是跟商家收取上架费的，交易也要收佣金，而淘宝作为后来者直接打出免费牌，一下就把商家给吸引过去了，这就是典型的破坏式创新案例。

3. 创新方法

创新方法一直为世界各国所重视，在美国被称为创造力工程，在日本被称为发明技法，在俄罗斯被称为创造力技术或专家技术。我国学者认为创新方法是科学思维、科学方法和科学工具的总称。其中，科学思维是一切科学研究和技术发展的起点，始终贯穿于科学研究和技术发展的全过程，是科学技术取得突破性、革命性进展的先决条件。科学方法是人们进行创新活动的创新思维、创新规律和创新机理，是实现科学技术跨越式发展和提高自主创新能力的重要基础。科学工具是开展科学研究和实现创新的必要手段和媒介，是最重要的科技资源。由此可见，创新方法既包含实现技术创新的方法，也包含实现管理创新的方法，具体有以下几种。

（1）试错法

试错法是通过不断试验和消除误差，探索具有黑箱性质的系统的方法。这种方法在动物的行为中是不自觉地应用的，在人的行为中则是自觉的。试错法是纯粹经验的学习方法。应用试错法的主体通过间断地或连续地改变黑箱系统的参量，试验黑箱所做出的应答，以寻求达到目标的途径。

主体行为的成败是由趋近目标的程度或达到中间目标的过程来评价的。趋近目标的信息给主体，主体就会继续采取成功的行为方式；偏离目标的信息反馈给主体，主体就会避免采取失败的行为方式。通过这种不断地尝试和不断地评价，主体就能逐渐达到所要追求的目标。

（2）六顶思考帽法

六顶思考帽是英国学者爱德华·德·博诺（Edward de Bono）博士开发的一种思维训练模式，或者说是一个全面思考问题的模型，提供了"平行思维"的工具，避免将时间浪费在互相争执上。它强调的是"能够成为什么"，而非"本身是什么"，是寻求一条向前发展的路，而不是争论谁对谁错。

运用德·博诺的六顶思考帽法，将会使混乱的思考变得更清晰，使团体中无意义的争论变成集思广益的创造，使每个人变得富有创造性。

（3）头脑风暴法

头脑风暴法是将少数人召集在一起以会议的形式，对某一个问题进行自由地思考和联想，提出各自的设想和提案，所有参与者不准对其他人言论正确性或准确性进行任何评价的一种讨论方法。这种方法能将团队的智慧有效地结合利用起来，对于企业组织的决策具有重要意义，因而深受管理者的青睐。

（4）六西格玛法

六西格玛法是一种管理策略，是由工程师比尔·史密斯（Bill Smith）于1986年提出的。这种策略主要强调制定极高的目标、收集数据及分析结果，通过这些来减少产品和服务的缺陷。六西格玛法背后的原理就是如果检测到项目中有多少缺陷，那么就可以找出如何系统地减少缺陷，使项目尽量完美的方法。

六西格玛法在20世纪90年代中期开始被GE（通用电气公司）从一种全面质量管理方法演变成为一个高度有效的企业流程设计、改善和优化的技术，并提供了一系列同等的适用于设计、生产和服务的新产品开发工具。

（5）TRIZ法

TRIZ意译为发明问题的解决理论。TRIZ理论成功地揭示了创造发明的内在规律和原理，着力于澄清和强调系统中存在的矛盾，其目标是完全解决矛盾，获得最终的理想解决方案。它不是采取折中或者妥协的做法，基于技术的发展演化规律研究整个设计与开发过程，而不再是随机的行为。实践证明，运用TRIZ理论，可大大加快人们创造发明的进程而且能得到高质量的创新产品。

4. 创意营销

市场发展到一定程度，资本越来越集中，竞争也必然越来越残酷，尤其在国内，消费增长比投资增长慢，必然会导致生产过剩的时代提前到来，所谓的"红海"战略，描述的就是在这种环境下竞争的企业战略，它的一个主要特点就是"血腥"。资本集中导致产品技术竞争的差异化程度越来越小，营销创新就成了许多企业的救命稻草。过去的几年，可以说国内企业营销创新得到了很大的发展，例如渠道创新、概念营销等，都让人耳目一新，但这些凝聚了许多营销人心血的创新，就像流行音乐一样，来得快，去得也迅速。比如凭借着渠道营销创新一夜走红的三株，也就风光了几年，最终倒在自己的营销思维上，还有风光一时的秦池、爱多等，这种现象让营销界陷入了一种迷幻之中：究竟是什么造成营销创新的短命？

其实，如果深层理解营销创新，把营销创新当成一种战略，而不是战术或者救市稻草，就会发现：营销创新其实可以如经典歌曲一样，长盛不衰。

（1）营销创新的产品原则

永远不要抛弃创新的根本：产品。在现实生活中，有很多人思维好像非常超前，一说起营销，必然滔滔不绝地谈论一大堆听起来非常前卫的理论，让人云里雾里，肃然起敬，更有人出卖所谓的"点子"成了大营销家，但一旦实践起来，这些理论和"点子"就如被包装好的流行歌曲，即使成名，又能维持多久？不可否认前卫理论和"点子"的作用，关键是营销人应该在这些让人晕眩的理论面前始终要保持一种清醒的意识：有哪个百年企业是依靠一时的前卫理论和"点子"一直发展的？可口可乐、宝洁等跨国企业长盛不衰的一个秘诀就是始终把产品是否能够符合消费者的需求作为营销至高无上的法宝，当别的企业在炒作概念的时候，这些优秀的企业始终坚持把"优秀的产品才是最好的营销"当作自己的理念，只有在产品的基础上创新的营销，才是永远能够保持活力的营销，才能不断创新。

（2）营销创新的渠道原则

无论是眼下流行的终端制胜论还是大批发萎缩论，企业的营销是绝对不能没有渠道的。渠道是企业营销创新的取之不竭的源泉。在现实生活中，经常会看到很多企业通过渠道变革来达到营销创新的目的，并且取得了空前的成功。比如，国内一家很著名的摩托车企业，在20世纪90年代初期，当其他企业忙着收获因为卖方市场带来的好处时，就把渠道变革当成营销创新的基础去开展工作了；到90年代中期，国内摩托车行业走向买方市场，供大于求的时候，这个厂家的营销创新发挥了巨大的作用，尤其是1995年上海助力车市场开放的时候，该企业通过其完整的渠道提前得到消息，迅速研发，并通过渠道迅速将该车在上海销售，该企业赚得眉开眼笑的时候，别的企业才慌忙跟进。

（3）营销创新的战略原则

不要把营销当作企业渡过难关的战术使用，一定要把营销创新提升到战略的高度。为什么很多外国专家都评价说中国的民族企业最终不能担当大任？除了企业整体战略，就是营销创新战略的缺失。内行看门道，外行看热闹。别看国内许多企业在营销上搞的有形有色，但细看了，却基本上没有几个能够把自己的营销创新坚持下来，并发扬光大。一旦营销掌门人换掉，企业的营销创新又换了一种思路，最终受损失的是企业。如果企业能够把企业营销创新当作一种战略，这种尴尬的局面就不会出现，企业也就不会因为换人也换思路了。

（4）营销创新的服务原则

服务是别人永远无法复制的制胜法宝。当海尔宣布自己的服务营销战略时，曾经有很多企业跟进，其中有两个事例：第一是家电行业的美菱，服务人员去用户家里服务时，必须随身带着红地毯，避免弄脏用户的地板，这就是轰动一时的"红地毯服务"，但由于各种原因，没多久就销声匿迹了；还有一个是摩托车企业春兰，曾经用飞机空运一台发动机到安徽，但也没有了下文。而海尔始终把服务创新当作自己的营销战略贯彻于始终，不管别人说海尔产品质量怎样怎样，但就凭海尔的服务特色，海尔的营销战略就是成功的，至少在目前的国内企业，还没有一个企业能够把自己的营销创新贯彻到战略高度并且贯彻得如此彻底，这就是海尔成功的基本因素之一。

（七）课堂活动

1. **活动主题**：创新方法——头脑风暴法的运用

2. **活动目的**：掌握"头脑风暴法"创新方法的适用技巧。

3. **活动组织**：

（1）分组：以 5～8 人为一组；

（2）确定讨论主题：由某一事物展开讨论如何进行相关创业；

（3）每组选择一名同学担任讨论主持人；

（4）每组选择一名同学负责记录讨论内容；

（5）各组采用头脑风暴法进行讨论。

4. **总结提升**：小组展示讨论成果，教师进行点评。

（八）拓展阅读

1. 鲁班发明锯子

相传鲁班接受建筑一座巨大宫殿的任务，需要很多木料，鲁班让徒弟们上山砍伐树木。徒弟们用斧头砍伐，效率低下。工匠们天天起早贪黑拼命去干，也砍伐不了多少树木，使工程进度一拖再拖，眼看着工程期限越来越近，鲁班甚是着急。为此，他决定亲自上山察看砍伐树木的情况。上山时，他无意中抓了一把山上长的一种野草，手被划伤了。

鲁班觉得很奇怪，一根柔软的小草为何能割破手？于是摘下了一片叶子来细心观察，发现叶子两边长着许多小细齿，用手轻轻一摸，这些小细齿非常锋利，鲁班了解到就是这些小细齿划破他的手。后来，鲁班又看到一条大蝗虫在一株草上啃吃叶子，两颗大板牙非常锋利，一开一合，很快就吃下一大片，这也引起了鲁班的好奇心，他抓住一只蝗虫，仔细观察蝗虫口部的结构，发现蝗虫的两颗大板牙上同样排列着许多小细齿，蝗虫正是靠这些小细齿来咬断草叶的。

由于这两件事，鲁班受到很大启发，陷入了深深的思考。他想，若做成一锯齿状的砍伐工具，是否同样锋利？于是他用大毛竹做成一条带有许多小锯齿的竹片，然后试锯小树，成果不错，几下子就把树皮拉破了，再用力拉几下，小树干就划出一道沟，鲁班非常高兴。但是由于竹片比较软，强度比较差，不能长久使用，拉了一会儿，小锯齿有的折断，有的变钝，需要更换竹片。

这样就影响了砍伐树木的速度，使用竹片太多也是一个很大的浪费。看来竹片不宜作为制作锯齿的材料，应该寻找一种强度、硬度都比较高的材料来代替它，这时鲁班想到了铁片。于是他们立即下山，让铁匠们制作带有小锯齿的铁片，然后到山上试锯树木。鲁班和徒弟各拉一端，在一棵树上拉了起来，只见他俩一来一往，不一会儿就把树锯断了，又快又省力，锯就这样发明了，大大提高了工效。

2. 郑板桥练书法

郑板桥是清代书画家、文学家，"扬州八怪"之一。他自幼爱好书法，立志掌握古今书法大家的要旨。他勤学苦练，然开始时只是反复临摹名家字帖，进步不大，深感苦恼。据说，有次练书法入了神，竟在妻子的背上画来画去。妻子问他这是干什么，他说是在练字。他妻子嗔怪道："人各有一体，你体是你体；人体是人体，你老在别人的体上缠什么。"郑板桥听后，猛然醒悟到：书法贵在独创，自成一体，老是临摹别人的碑帖，怎么行呢。从此以后，他力求创新，摸索着把画竹的技巧渗在书法艺术中，终于形成了自己独特的艺术风格——板桥体。

（九）实践练习

创造力测试

1. 请根据自己的实际情况选填一个答案

A——同意　　　　B——不同意　　　　C——不确定

（1）我不做盲目的事情，我总是用正确的步骤解决每一个正确的具体问题。（　　　）

（2）我认为只提问题不求答案，无疑是在浪费时间。（　　　）

（3）无论什么事情，想要让我产生兴趣，总比别人困难。（　　　）

（4）我认为合乎逻辑、循序渐进的方法是解决问题的最好方法。（　　　）

（5）有时我在小组里发表意见，似乎使一些人感到厌烦。（　　　）

（6）我花大量时间考虑别人是怎么看我的。（　　　）

（7）我自认为正确的事情，比力求博得别人的赞同重要得多。（　　　）

（8）我不尊重那些做事似乎没有把握的人。（　　　）

（9）我能坚持很长一段时间来解决难题。（　　　）

（10）解决问题时，我分析问题较快，而综合所收集的资料较慢。（　　　）

（11）有时我打破常规去做我原来并未想要做的事。（　　　）

（12）我喜欢客观而理性的人。（　　　）

（13）我能和我的同事或者同行很好地相处。（　　　）

（14）我有较高的审美感。（　　　）

（15）在我一生中，我一直在追求名利和地位。（　　　）

（16）我喜欢那些坚信自己结论的人。（　　　）

（17）灵感与成功无关。（　　　）

（18）争论时使我感到高兴的是，原来与我观点不一致的人成了我的朋友，即使牺牲我原来的观点也在所不惜。（　　　）

（19）我乐意自己一个人整日"深思熟虑"。（　　　）

（20）我往往避免做那些让我感到"低下"的工作。（　　　）

（21）评价资料时，我觉得资料来源比内容更重要。（　　　）

（22）我不满意那些不确定、不可预见的事。（　　　）

（23）我喜欢一味苦干的人。（　　　）

（24）一个人的自尊比得到别人的敬慕更重要。（　　　）

（25）我觉得力求完美的人是不明智的。（　　　）

（26）我宁愿和大家一起工作而不愿意单独工作。（　　　）

（27）我喜欢那种能对别人产生影响的工作。（　　　）

（28）对我来说，"各得其所""各在其位"是很重要的。（　　　）

（29）想入非非的人是不切实际的。（　　　）

（30）我经常为自己无意中说话伤人而闷闷不乐。（　　　）

2. 测试结果参考

B 选项 25 个以上，意味着你有较强创造力；

B 选项在 18～24 个之间，意味着你有一定的创造力；

B 选项在 17 个以下，意味着你创造力较弱。

四、明确创业模式

（一）学习目标

1. 知识目标：了解创业方向，学习创业模式
2. 技能目标：掌握创业的基本途径，熟悉创业平台运营
3. 素养目标：提升市场分析能力和应变能力

（二）学习任务

1. 分析线下、线上创业模式
2. 进行创业模式比较分析，找到适合自己的创业模式

（三）学习导读

1. 亿邦动力
2. 雨果网
3. 亚马逊船长 BI

（四）名言警句

崇尚技术的微软模式：全球软件巨擘微软公司，用先进技术垄断和引领市场，以研发、制造、专利授权和提供广泛的电脑软件服务为主。

——微软

用户体验至上的苹果模式：全球最具有价值品牌的苹果公司，其成功来自创始人乔布斯对市场和人性的透彻理解。通过创新的硬件、软件、外部设备、服务及互联网服务带给客户最佳的用户体验。

——苹果

一网打尽的亚马逊模式：亚马逊属于自主销售型的 B2C 网站，包括自建物流仓库、销售自己的商品，最早之前以网上销售图书为主，目前是综合性电商平台。

——亚马逊

基于人连接的 Facebook 模式：创始人马克·扎克伯格，创立 Facebook 的原因是"基于人的连接"，在他看来许多网站提供了新闻、购物、看电影等服务，可没有服务帮我们找到生活中最重要的东西——人。这就是他创办这家公司的使命。

——Facebook

永不作恶的 Google 模式："不作恶"是谷歌公司的核心价值观之一，从公司创建之初到现在，它坚持以提供最佳体验为中心，坚持拒绝不能给访问者带来好处的任何修改。为了做到这点，谷歌公司拒绝在网页上刊登任何与搜索内容无关的广告。

——Google

即时分享的 Twitter 模式：Twitter 的核心价值观是"体验共享"，赋予每位普通公民及时、充分的话语权，比传统媒体更快、更全面、更互动。在技术上还催生出一种全新的语法，包括目前广泛使用的在文字前面添加"#"号、在用户名前面添加"@"。

——Twitter

缺什么做什么的阿里巴巴模式：阿里巴巴是当今全球最大最活跃的网上贸易平台，之所以能成为如此庞大的电商帝国，与"东方智慧＋西方运营"分不开。阿里巴巴属于 C2C 模式，也就是消费者对消费者，淘宝网只提供平台，是一个开放式的架构，虽然阿里巴巴的天猫商城开始转向 B2C 模式，也就是商城对消费者的模式转型，但是天猫商城并非是纯正的 B2C，只是引入了大的商家而已。

——阿里巴巴

以用户需求为依归的腾讯模式：中国最大的网络社区腾讯公司，以庞大的用户群做后盾，用微创新巩固市场。腾讯的经验是"一切以用户需求为依归"，在短时间内就做大用户基数。在巩固用户基础时，发挥了其中最受欢迎的产品，即 QQ 的价值特征。

——腾讯

效率优先的京东模式：中国最大的自营式电子商务企业京东公司，创始人刘强东无论是抓团队、成本、客户体验，还是自建物流，都致力于追求一个目标——效率。

——京东

（五）情景案例

美团和拼多多：中国两大电商创业模式之路

近几年最让投资者们心动的企业莫过于美团和拼多多了。这两家企业有很大的相似之处。两家公司都通过打折来吸引消费者（美团提供 SPA 会所门票和电影票，拼多多是提供苹果及苹果公司的 iPad）。这两家公司都于 2018 年上市——美团在香港上市，拼多多在纽约上市。自 2020 年年初以来，美团和拼多多的股价都出现了飙升。现在它们的身价都超过了 1000 亿美元，但它们实现这一目标的方式看起来却完全不同。

先从两家中较大的美团说起。该公司是清华大学工程系毕业生王兴于 2010 年创立的，主要销售一些折扣代金券。就像腾讯和阿里巴巴一样，美团也向其他领域扩张。2013 年，美团推出了外卖送餐业务，也推出了能够让用户预订酒店和机票的旅游业务。两年后，美团与大众点评合并，后者是一家类似于 Yelp 的餐厅点评和预订平台。2018年，美团斥资 27 亿美元收购了摩拜单车，进入共享单车领域。2019 年，美团的共享单车扩展到了中国几十个城市。里昂证券（CLSA）的经纪人 Elinor Leung 表示："如今的美团可以被视为是'服务业的搜索引擎'。"

其中一些业务，如外卖送餐或共享单车，都是低利润、高产量的业务。2019 年，美团每单外卖利润不到 3 美分（主要来自餐厅缴纳的佣金），可是，这还是让合作餐厅商家感到不满。目前，该平台有 70 万到 80 万名外卖员。在中国，每单上门送餐的 3 元快递费里就有 2 元进入了美团的口袋。

和摩拜单车一样（摩拜单车属于资本密集型且无盈利业务），餐饮行业先吸引用户，然后再将他们引向收入更大的产品，比如旅游出行。美团在酒店预订方面的营业利润率徘徊在 20% 到 35% 之间。新冠肺炎疫情导致中国国内预订中断，但到 2020 年 5 月底，预订量已恢复到疫情暴发前水平的 70%。

拼多多采取了与美团截然相反的策略。拼多多没有分散火力，而是在电子商务上加倍下注。该公司的战略负责人 David Liu 表示："在线零售在中国发展如此迅猛，足以证明我们不能当'三脚猫功夫的万事通'。"

他说得有道理。根据市场研究机构 eMarketer 的数据，2020 年中国的实体店纷纷关闭，其零售总额可能会下降 4%，达到 35 万亿元。电子商务销售额可能会增长16%，达到 14.4 万亿元（合 2 万亿美元），其中增长量的一半可能属于阿里巴巴，剩下的一半在拼多多与京东之间竞争。受疫情影响，消费者们可能更倾向于拼多多的便宜货。

拼多多崛起的核心是其"社交购物"概念，它将自己定位为好市多（Costco）和迪士尼乐园（Disneyland）的融合。如果你和其他喜欢砍价的人一起大量购买，产品就会更便宜，因为商家会牺牲一些利润来换取更高的销量。用户可以通过微信加入现有群组或邀请好友。微信是腾讯旗下的一款社交通信应用，腾讯持有拼多多16%的股份。

拼多多创始人黄峥曾在美国谷歌任工程师，没有发明团购模式；自2008年以来，一直是Groupon在做团购。不过，黄峥确实从团购中得到启发，例如引入游戏，并在后续消费中给予玩家积分奖励。

中国消费者很喜欢这个模式。截至2020年3月底，中国消费者中有6.28亿人在过去一年里从拼多多上购买过最少一件商品，比2019年增加42%，比京东多出60%；目前，只有阿里巴巴的用户（7.26亿）比拼多多更活跃。这些消费者的平均年消费额也从1250元增加到1800元。拼多多在中国电子商务市场的份额也从2017年的2%上升到2019年的10%。研究机构伯恩斯坦（Bernstein）预计，到2024年，这一比例将达到18%，与京东持平。

购物狂欢节活动让拼多多第一季度收入同比增长44%，达到65亿元。这些收入来自交易费及商家在拼多多中的商品推广费。拼多多与很多电子商务巨头不同，但却与eBay很像，拼多多既没有库存，也没有自己的物流网络，完全依靠商家将商品运送给买家。相反，它在促销和营销上消耗了大量现金，而且还在不断增长——占第一季度总收入的112%。

David Liu坚持这些成本可以轻松收回。可是，其他电商平台的经验表明，情况并非如此。优步也是将卖家（司机）和买家（乘客）联系起来，但它一直在亏损。拼多多也像优步一样享受着一些"网络效应"：使用该应用的买家越多，吸引来的卖家就越多，这些卖家又反过来吸引新的买家，如此类推。但是，和叫车服务一样，买家和卖家几乎不花成本，就可以转向其他提供更优惠价格的应用。现在，京东和阿里巴巴就向其庞大的用户群推出类似拼多多的产品。

资本市场也让拼多多饱受质疑。疫情暴发似乎对其没有任何伤害；"宅家"的中国消费者纷纷转向拼多多购买生活必需品，有时这便是促进零售的一剂良药。与美团一样，拼多多的海外市场业务可忽略不计，不受到中美科技战争的影响。受此重创的是TikTok或中国通信巨头华为这样的公司，因为他们的用户大多不是中国人。白宫威胁要将中国企业驱逐出美国交易所，但这并没有挫伤投资者的热情。黄峥的突然离职也没有什么影响。2020年7月1日，他辞去了拼多多首席执行官的职务，并将自己的股份从43%减到29%（他仍然是董事长，拥有81%的投票权）。

美团的致富之路则更加清晰，2019年该公司实现首次盈利。美团的餐饮和旅游业务利润颇丰，一直从竞争对手那里获得市场份额（如阿里巴巴的外卖配送应用"饿了么"及中国最大的出行中介"携程旅行"）。这为美团的几个亏损部门的财务提供了喘息的空间。

总之，美团和拼多多两家公司都体现了他们对数字中国光明前景的期待。但只有当这两家公司都能像腾讯和阿里巴巴一样获得持续丰厚的利润时，TAMP（腾讯、阿里、美团、拼多多）才能成为新的BAT。

（六）知识要点

1. 创业模式的含义

创业模式是指创业者为保障自身的创业理想与权益，而对各种创业要素进行合理搭配，即创业的组织形式、创业的方式确定、创业的行业选择组成了创业模式。任何一种创业模式都是一个涵盖企业资源和能力、客户价值和盈利方式的三维立体模式。由于客户价值的主张和资源利用的过程不是一成不变的，因此创业模式也不是一个静态的过程，而是一个伴随大学生创业者学习曲线和外部环境变迁不断演化的过程。

2. 适合生的四种创业模式

大学生创业受到不同的内、外部制约因素的影响。内部因素包括创业者的特质和内在资源禀赋、创业机会识别能力、整合资源能力、商业化运作能力等。这些能力的强弱都会影响创业者的倾向和创业方向。外部因素包括创业门槛、创业政策支持强度、资金可获得性、环境友好性、发展的持续性等。外部制约因素也会影响创业者的倾向和创业方向。

一般来讲，适合大学生的创业模式主要有以下四种：知识技术型、概念创新型、网络媒介型、积累演进型。不同的创业模式要求创业者的素质是不同的，准确判断自己的优势和劣势，选择最适合自己的创业模式，可以化解很多的不利因素。

（1）知识技术型

知识技术型创业模式依托于大学生的知识技能，大学生凭借自己创新、有开发价值的技术或者专利等来吸引外资创办自己的企业；或者通过技术入股的方式进入企业成为企业股东；或者在自己有足够的经济实力和创业技能的条件下，依托自己的技术创建独立的企业。

知识技术型创业模式的关键在于技术的水平，以及该技术的创新点及可持续发展的能力，否则将面临被新技术取代及后续产品短缺的危机。该创业模式多集中于计算机、建筑、艺术等技术性比较强的行业，大学生依靠技术、专利或者其他智力成果吸引有眼光的企业投资或者自筹资本创业。这种模式对个人的能力要求较高，要求创业者具有良好的知识、技术和综合素质。

（2）概念创新型

概念创新型创业模式是指大学生通过自己的构想、创意等来吸引投资，或者在某些新型领域从事创业活动的一种创业模式。基于概念创新模式进行创业的行业集中于网络、艺术、装饰、教育培训、家政服务等新兴行业。

概念创新型创业模式要求大学生必须具有创新且实用的项目，以吸引投资为自己的项目寻找启动资金；同时也可以是大学生对艺术、服务、教育、设计类的一些新颖独特的方案，如设计独特的婚庆方案、独特的艺术作品等。创业者的设想能够标新立异，在行业或领域是个创举，并迅速抢占市场先机。该模式需要创业者具有独特的个性特征和旺盛的创业欲望，善于洞察商业机会，例如世纪佳缘婚恋网站和饿了么外卖网。

（3）积累演进型

积累演进型创业模式指的是大学生从小做起，积少成多，不断地使自己的企业发展的一种创业模式。例如，通过学习企业的产品技术和经营管理方式，当有一定的经济实力和管理经验时自主开店或者创立公司，当达到一定的规模和实力之后打造自己的品牌，为自己的品牌寻找加盟商，获得加盟利润。

积累演进型创业模式适合于经验不足的大学生创业者，可以从基层做起，将创业和学习有机结合，使创业活动稳步进行。选择积累演进型创业模式，最大优点在于进入门槛低，能够很好地满足大学生创业者的成就动机，培养商业精神，锤炼机会识别能力、组织能力、领导力和沟通能力，提升商业运作能力。

（4）网络媒介型

网络媒介型创业模式是一种比较新的创业模式，随着网络的普及和全方位应用，以网络为媒介的创业方式不断涌现，其中以电商平台创业最为常见。目前网络创业有国内电商平台的淘宝、天猫、京东、拼多多、阿里巴巴 1688、微商等，跨境电商平台的亚马逊、速卖通、eBay、Wish、Shopee、Lazada、阿里巴巴国际站等。新业态电商直播及互联网金融等的电子商务类创业活动，也是在大学生中新兴的一种被广泛接受和使用的创业模式。

网络媒介型创业模式克服了时间和空间的限制，再加上智能手机的普及，使得交易随时随地可以进行。此种创业模式突破了传统经营方式，为创业减少了成本，为经营和管理提供了便捷。

（七）课堂活动

> **活动主题**：选取一个校友案例分析其创业模式及创业经验。

（八）拓展阅读

目前，主流电商平台可以分为国内电商平台和跨境电商平台。

1. 国内电商平台

（1）淘宝

淘宝网（Taobao.com）是中国深受欢迎的网购零售平台，目前拥有近 5 亿的注册用户数，每天有超过 6000 万的固定访客，同时每天的在线商品数已经超过了 8 亿件，平均每分钟售出 4.8 万件商品。

（2）天猫

"天猫"（英文：Tmall，亦称淘宝商城、天猫商城）原名淘宝商城，是一个综合性购物网站。2012年1月11日上午，淘宝商城正式宣布更名为"天猫"。

天猫是淘宝网全新打造的B2C（Business-to-Consumer，商业零售）。其整合数千家品牌商、生产商，为商家和消费者之间提供一站式解决方案，提供100%品质保证的商品，7天无理由退货的售后服务，以及购物积分返现等优质服务。

2019年9月7日，中国商业联合会、中华全国商业信息中心发布2018年度中国零售百强名单，天猫排名第1位。

（3）京东

京东是中国的综合网络零售商，是中国电子商务领域受消费者欢迎和具有影响力的电子商务网站之一，在线销售家电、数码通信、电脑、家居百货、服装服饰、母婴、图书、食品、在线旅游等12大类数万个品牌百万种优质商品。京东在2012年的中国自营B2C市场占据49%的份额，凭借全供应链继续扩大在中国电子商务市场的优势。京东已经建立华北、华东、华南、西南、华中、东北六大物流中心，同时在全国超过360座城市建立核心城市配送站。

（4）拼多多

拼多多是国内移动互联网的主流电子商务应用产品，专注于C2M拼团购物的第三方社交电商平台，成立于2015年9月。用户通过发起和朋友、家人、邻居等的拼团，可以以更低的价格，拼团购买优质商品。该平台旨在凝聚更多人的力量，用更低的价格买到更好的东西，体会更多的实惠和乐趣。通过沟通分享形成的社交理念，形成了拼多多独特的新社交电商思维。

（5）阿里巴巴1688

1688网站，即阿里巴巴的前身。1688现为阿里集团的旗舰业务，是中国领先的小企业国内贸易电子商务平台。作为阿里集团旗下子公司，1688在CBBS电子商务体系中代表企业的利益，为全球数千万的买家和供应商提供商机信息和便捷安全的在线交易，也是商人们以商会友、真实互动的社区。

1688以批发和采购业务为核心，通过专业化运营，完善客户体验，全面优化企业电子商务的业务模式。1688已覆盖原材料、工业品、服装服饰、家居百货、小商品等16个行业大类，提供原料采购—生产加工—现货批发等一系列的供应服务。

2. 跨境电商平台

（1）亚马逊

全球最大的电子商务公司，在14个国家运营站点，如美国、澳大利亚、巴西、加拿大、中国、法国、德国、印度、意大利、日本、墨西哥、荷兰、西班牙和英国等。

（2）速卖通

面向中国以外的买家，有一个全球英语网站，并支持其他15种语言：俄语、葡萄牙语、西班牙语、法语、德语、意大利语、荷兰语、土耳其语、日语、韩语、泰语、越南语、阿拉伯语、希伯来语和波兰语。

（3）eBay

在22个国家都有站点：美国、加拿大、奥地利、比利时、法国、德国、爱尔兰、意大利、荷兰、波兰、西班牙、瑞士、英国、澳大利亚、中国、印度尼西亚、日本、马来西亚、菲律宾、新加坡、泰国和越南。

（4）Wish

一个 B2C 电商平台，每年约有 1 亿访客，大部分商品价格低廉。据报道，Wish 是全球下载次数最多的购物 App。

（5）Shopee

在新加坡、马来西亚、泰国、印度尼西亚、越南和菲律宾经营的东南亚购物平台，提供超过 1.8 亿种产品。

（6）Lazada

阿里巴巴集团旗下平台，在印度尼西亚、马来西亚、菲律宾、新加坡、泰国和越南开展业务，拥有数千家商户，年销售额约为 15 亿美元。

（7）阿里巴巴国际站

作为全球最大的 B2B 跨境电商平台，阿里巴巴国际站物流已覆盖全球 200 多个国家地区，将与生态合作伙伴融合共振，通过数字化重新定义全球货运标准。"门到门"服务能力是重点方向之一：货物从工厂拉到境内港口、报关，通过海陆空进入境外港口，清关、完税，最后完成末端配送。

"阿里巴巴国际站"提供一站式的店铺装修、产品展示、营销推广、生意洽谈及店铺管理等全系列线上服务和工具，帮助企业降低成本、高效率地开拓外贸大市场。

（九）实践练习

选取电子商务创业平台，比如开设一家拼多多店铺，进行创业实战，并分析该平台的特点。

五、打造创业团队

（一）学习目标

1. 知识目标：认识团队创业的优势和重要性
2. 技能目标：学会寻找合适的成员组建团队
3. 素养目标：培养团队集体观念，树立合作意识

（二）学习任务

1. 课内组建创业团队，掌握团队组建注意事项
2. 根据自身创业实际实践团队组建

（三）学习导读

1.《如何打造一个王牌团队》
2.《如何开例会》
3. 创业视频：团队成员的选择

（四）名言警句

只有在集体中，个人才能获得全面发展其才能的手段，也就是说，只有在集体中才可能有个人自由。

——马克思（无产阶级的精神领袖）

团队合作是朝着一个共同的愿景协同工作的能力，是将个人成就引领至组织目标的能力，是让普通人获得非凡成绩的动力。

——安德鲁·卡内基（美国钢铁大王）

如果我用个人的能力，可以赚一个亿，可能100%是我的；但我用十个人的时候，我们可能赚到十个亿，可能我只有10%，同样是一个亿，但我的事业变大了。

—— 张近东（苏宁控股集团董事长）

不管一个人多么有才能，集体常常比他更聪明和更有力。

——奥斯特洛夫斯基（无产阶级作家）

人们在一起可以做出单独一个人所不能做出的事业；智慧、双手、力量结合在一起，几乎是万能的。

——威廉·韦伯斯特（联邦调查局局长）

三个臭皮匠，顶个诸葛亮。

——中国谚语

（五）情景案例

雷军如何组建小米团队

小米创立初期，规模小，甚至连产品都没有。如何组建极强的团队，如何获得对方的信任，成了小米起步期间最困难的问题。在最开始的半年，雷军80%的时间都花在找人上。最难搞定的，就是优秀的硬件工程师。雷军的做法其实挺"笨"的，就是用韧劲。他用Excel表列了很长的名单，然后一个个去谈。雷军回忆说，要用最好的人，在核心人才上面，一定要不惜血本去找。这些优秀的人大多有所成，你要让他们自己去发现答案，为何要舍去目前的一切和你一起做看似疯狂的事情。

那时候雷军每天见很多人，跟每个人介绍"我是谁""我做了什么事""我想找什么人""能不能给我一个机会见面谈谈"。结果失败的比例很高，甚至恨不得每天从早上谈到晚上一两点，却仍然迟迟找不到志同道合的人。但他相信事在人为，创业者招不到人才，只是因为投入的精力还不够多。

三个月的时间里，雷军见了超过100位做硬件的人选，终于找到了负责硬件的联合创始人周光平博士。第一次见面的时候，原计划两个小时的谈话，结果双方一见如故，从中午12点一直谈到了晚上12点。周光平愿意加入小米的最后一锤子推力，是雷军跟他说，必要的时候，自己可以去站柜台卖手机。所以，创始人到底有多想做成一件事情，在聊的过程中对方也在判断。

如果没有那么多名单可以聊，你可以先问问自己，你最希望自己的团队成员是哪个公司的人，然后就去那个公司楼下咖啡厅等着，看到人就拉进来聊，总能找到你想要的人。雷军以前还用到过一个"笨办法"，到处请教"你认为谁最棒"，问了一圈下来，就有名单了。

找人是天底下最难的事情，十有八九都是不顺的。但不能因为怕浪费时间，就不竭尽所能地去找。雷军每天都要花费一半以上的时间用来招募人才，前100名员工中的每名员工入职都是他亲自见面并沟通的。这样招进来的人，都是真正干活的人，都想做成一件事情，所以非常有热情，会有一种真刀实枪的行动和执行。

（六）知识要点

1. 创业团队释义

创业团队是由少数具有技能互补的创业者组成的群体，他们为了实现共同的创业目标，在一个共同认同的、能彼此担负责任的程序规范下，为达到高品质的创业结果而共同努力。

2. 优秀创业团队的特征

组建一支优秀的创业团队对任何创业者而言，都是一项至关重要的工作。一般而言，一支优秀的创业团队一般具有以下四大特征。

（1）知己知彼：所有团队成员间互相熟悉，合理分配工作，发挥个人创造力。

（2）才华各异：团队成员应该各有所长、相互补充、相得益彰。

（3）目标一致：拥有共同的目标是团队区别于群体的重要特征。

（4）彼此信任：信任是解决分歧、达成一致的最佳途径，互相信任有助于形成良好和高效的工作氛围，实现团队目标。

3. 创业团队的组建原则

组建一支高效的创业团队，除了要努力做到使团队具备优秀创业团队的特征之外，还应该人数合理，并配置均衡的利益分配机制。

（1）人数合理。一般大学生创业团队人数应控制在3～5人为宜，以便领导与任务分工协调有效开展，保证工作速度和质量，提高办事效率。

（2）设置均衡的利益分配机制。利益原则包含两层含义：第一，在创业团队成员之间形成合理的利益分配机制；第二，在初始创业团队和其他成员之间设定一种利益均衡机制。创业企业的全部股份最好不要在初始团队中全部分配完毕，给日后加入的关键人员或是急需的技术骨干等预留部分股份。

（七）课堂活动

1."解套"

游戏目的：让参与者能够认识到，在遇到看似复杂的问题时，只要通过换位思考及团队的合作就可以顺利地解决问题。

游戏组织：

（1）按6人一组分组，每组的成员需要用间隔握手的方式去握住与自己不相邻的那个人的手。

（2）所有人的手都与他人握在一起，形成一个交错的套。

（3）大家必须在不松开手的前提下移动自己的位置，与他人实现位置互换，来解开这种交错产生的套。

总结提升：

（1）每组推选一名成员对活动进行总结（可从团队协作效率、问题总结、成员特点等角度阐述）。

（2）每组推选一名成员（与上述（1）不同）对组员进行评价，并阐述对团队成员吸纳（招募）的想法。

（3）每组推选一名成员（与上述（1）、（2）不同）阐述对活动意义的理解。

2. "同心杆"

游戏目的：

（1）提升团队协作能力。

（2）引导个人启发与思考问题：让大家悟出怎么样才能人心齐，心往一处想，劲往一处使。

游戏组织：

（1）教师准备同心杆。

（2）让同学分成2个队，站成相对的两列。每个人将右手食指水平伸出（左手放在身后），先统一到胸口的高度，然后上移到眉头前位置。

（3）教师将同心杆放在每个人的食指上，必须保证每个人的食指都接触到同心杆，并且手都在同心杆的下面。

（4）必须保持同心杆处在水平状态。

小组的任务是：在保证每个人的右手（左手放在身后不能帮忙）都在同心杆下面的情况下，将同心杆完全水平地往下移动。一旦有人的右手指离开同心杆或同心杆没有水平往下移动，游戏就要重新开始。

总结提升：

同学对活动进行总结。

（八）拓展阅读

唐僧师徒的取经团队

唐僧师徒四人历尽磨难，一路降妖除魔，终于到西天取得了真经，修成了正果，应该说是一个比较成功的"工作团队"。现代企业的工作团队应该向他们学些什么？我们来看一看这四个人的优缺点。

唐僧，其领导能力有限，业务能力（降妖除魔）更是几乎等于一个零，但他是师傅，有个"领导位置"，可以拿"权力"制裁不听话的徒弟，使得三个"下属"不得不听，不敢不听。但他一心向佛，目标明确，任尔千般说万般阻，向西天取经的决心始终不动摇。

孙悟空，"业务能力"最强，疾恶如仇，敢说敢做，但性情脾气不好，西天取经不是他的目的，而是他的承诺。为了工作快速开展，尽快完成目标任务，委曲求全，甚至不惜与"领导"和"同事"决裂，贡献最大，在这个工作团队里却差一点无立锥之地，只因工作（降妖除魔）离不开他，才被留在这个团队。

八戒，工作能力一般，能胜任一般工作；好吃懒做，还有点好色。但他会说话，颇能讨师傅喜欢。知大师哥本领高强，心有妒忌，在合适的时候和恰当的地点（当师傅和师兄意见不合时），便会撺掇师傅（领导）惩罚悟空，当师傅赶走悟空，便闹着分些家当想回高老庄，是个惯会见风使舵的人，在团队里也是个能吃得开的人（因为领导喜欢这样的人）。

沙僧，业务能力与八戒不相上下，忠厚老实，有自知之明，在团队里能够知道自己的位置，老老实实做事，不上蹿下跳，不做小动作。

小白龙与沙僧一样默默奉献，爱岗敬业。

既然他们身上的优缺点如此鲜明，却如何能取得真经，终成正果呢？这是因为：

1. 目标明确

他们的目标就是要取得真经。明知一路上会有不少妖魔鬼怪作祟，却不畏艰难险阻。唐僧起到了团队核心作用和凝聚力的作用，尽管有不少缺点，专业知识不行，但依靠师傅的名号（领导位置）和虔诚取经之心基本上能确保团队一直向这个目标迈进。当然，当有人危及他的价值观时，哪怕不取经解散团队，他也要惩罚此人来确保贯彻他的个人意志。

2. 利益一致

师徒四人，虽时有矛盾，但大家都知道，只有到得西天，取得真经，大家方能修成正果，否则还是不能进入"上流社会"，成为"名流"。因此尽管想法思路不同，但大家的目标明确，利益一致，都能知道利害关系，孰轻孰重还能分辨得清。

3. 规则清楚

制度明确，等级分明，"游戏规则"清楚。师傅就是师傅，任尔有天大的本事，也不能僭越制度和规则，组织结构的稳定确保了团队不致内讧。同时，尽管猴哥专业知识和业务能力很棒，不得"领导"欢心和重用，但八戒始终不敢抢夺大师哥的位置，使得团队仍然能正常运行。

4. 结构合理

这支取经团队从人员结构上相对来说是比较合理的。像唐僧的能力和水平也只能领导这么一个团队，人再多，他就当不成师傅了；像悟空这样能干的、专业知识和业务能力很棒的同志也不能太多，否则，唐僧是无法驾驭和控制住局面的，同时也有可能两虎相争，搞起内讧来；像八戒这样的人更不能多，成事不足，败事有余，否则事情只能越来越糟；倒是像沙僧和小白龙这样的同志多些无妨，既有些本事，又默默奉献。不过一个五人取经团有两个也算不少了。

5. 素质尚可

唐僧师徒四人都是受过"高等教育"的或本来就是有身份的人，只因怀才不遇或犯点小错被罚，整个团队素质相对较高，团队人才结构也比较合理，虽有种种矛盾和冲突，但团队总体上还是能形成合力的。

6. 上级支持

唐僧之所以能当这个团队的头，与上级各级领导的关心支持是分不开的。每当这个团队即将分崩离析时，上级领导部门就会派人来调解。上级领导是要大力维护这个体系和制度的，既然唐僧是师傅，各路神仙竭力帮助，局部上看是维护唐僧师傅，实际上是支持和维持玉皇大帝的天庭制度和如来的佛教制度，维护着"上流社会"，也是维护着他们的利益。

在现代企业里，每个工作团队里都有可能存在这样或那样有缺点的人，关键是要目标明确，利益一致，游戏规则清楚，大家都得遵守；同时人员素质要高，在结构上要尽量科学搭配理念相同的人，容易形成合力，这样的工作团队，其战斗力才能攻无不克、战无不胜。

同时还要在企业工作中能找到自己的位置，到底是作为大脑的唐僧，还是作为猛将的孙悟空，还是做个开心果的猪八戒，要么就踏踏实实地做一个沙僧一样的基石，对自己的定位就是对企业的最大认同！

（九）实践练习

项目内容	思考和分析
思考一个成功的创业团队需要哪些成员组成？	
思考如何选择团队成员？	

六、善用创业资源

（一）学习目标

1. 知识目标：了解创业资源的来源
2. 技能目标：掌握创业资源的获取渠道
3. 素养目标：增强创业资源的整合与开发能力

（二）学习任务

1. 开展创业活动
2. 紧密联系市场，了解行业动态

（三）学习导读

1. 学习强国：东营职业学院《大学生创新创业教育——创业资源的整合》
2. 网易公开课《创业资源整合》

（四）名言警句

做企业要讲竞合环境。现在全世界的环境也是一个竞合的环境。得意不可忘形，失意不可丢失信念。

——杨宁（空中网及悟空搜索创始人）

你自己本身就是资源，你如果不把自己当作资源，你就不可能把资源聚拢过来。你必须把自己变成一个吸铁石，才能把周围的东西都吸过来。

——俞敏洪（新东方教育集团创始人）

我认为世界上有四种壁垒，第一是制度壁垒，比如中国移动，别人干不了，需要有牌照；第二是资金壁垒，动辄要几百亿美元，一般人干不了；第三是技术壁垒，有专利保护，别人也不能干；第四是稀缺性资源的占有，这就是我这个行业的壁垒，比如说整个写字楼我把它都占了，签了独家的协议，别人就很难干。

——江南春（分众传媒创始人）

（五）情景案例

"苹果宝宝"焦鹏的创业故事

焦鹏来自山西运城的一个小乡镇，过去当地的苹果都走批发路线，产品附加值不高，乡亲们辛辛苦苦一年也挣不了几个钱，大片果园荒废着。"每年苹果丰收时，村里人经常会愁眉苦脸。产量低了，担心收不回成本。产量高了，担心果贩子会压价。我当时特别想帮忙卖苹果，为家里增加些收入。"焦鹏说道。

2015年，焦鹏考进了义乌工商职业技术学院电商创业班。来校报到前，他就与该校创业导师取得联系，并在其指导下详细了解各大电商平台。报到当天，焦鹏就带了3大箱苹果，开始在朋友圈和电商平台上出售。由于品质好味道佳，苹果一经推出就受到了师生们的热捧，找他买苹果的人络绎不绝。

为了掌握消费者对苹果的需求，焦鹏决定拉一车苹果来义乌卖。2015年年底，满满一车6000公斤的苹果从运城发往义乌，短短3天，6000公斤苹果卖出了一大半。

在创业导师的协助下，焦鹏和团队开启了"从线上到线下"，再"从线下到线上"，而后"线上线下同步发展、相互促进"的销售模式。入学一个学期，焦鹏自家种的苹果销售一空。到大二时，焦鹏开始帮村里的乡亲们卖苹果。

"我在学校组建团队负责店铺运营，货直接从山西发。我们有时还在平台上直播采摘苹果，连线种苹果的乡亲们，定期与客户分享苹果背后的故事。"焦鹏说。

大二暑假回家期间，焦鹏在家乡组建"苹果小分队"，手把手地教乡亲们在电商平台上销售苹果、樱桃、蜂蜜等土特产。当问及是否担心乡亲们一起销售苹果会与自己形成竞争时，焦鹏笑呵呵地说："乡亲们一起脱贫才叫真的脱贫，我要和乡亲们一起致富奔小康。"

大学期间，焦鹏为家乡苹果注册"安绿"商标，寓意"安全绿色"。"我们老家的苹果不仅获得国家GAP认证，还持有苹果行业首张出口美国检疫证书，获得过48枚国际金奖。今后我要打响山西苹果的品牌，提高它的市场影响力。"

大学三年，焦鹏直接销售近50万斤苹果，他也因此被大家称为"苹果宝宝"。在他的带领下，一批家乡的年轻人开始在互联网上试水农产品销售。

当下电商发展迅猛，全国各地对相关人才需求旺盛。毕业前夕，浙江多家企业向焦鹏抛来橄榄枝，甚至邀其以联合创始人身份参与创业。"说实话，那些企业开出的条件蛮有诱惑力的。与江浙地区相比，老家各方面创业条件都不是很好，但回家乡创业更有用武之地。"

　　焦鹏的规划是走一条苹果产品的高端化路线，甚至可以"私人定制"，以提升产品附加值。不久前，焦鹏与其团队筹建了一个运城农土特产微信公众号，通过大数据分析客户信息来开发新产品。目前，他已准备联合老家那边的企业，尝试开发高端苹果酱、苹果醋等系列产品。

　　焦鹏充分发挥自身电商专业优势，利用家乡、学校等多方资源，成就了自身的事业，也谱写了一曲大学生助力乡村振兴的佳话。

（六）知识要点

大学生创业应充分利用有效资源，可用的创业资源如下。

1. 政府资源

　　在大学生创业资源组成中，其中一项重要的组成部分便是政府资源。政府资源能够通过各种扶持政策，以此帮助大学生进行创业，提高大学生的创业成功率。可以说，政府资源在推动大学生创业过程中发挥着很大的作用。现阶段，政府资源在助力大学生创业过程中，其主要在三个方面有所体现：首先是政府颁布的各种创业财政政策，这些创业财政政策能够为高校提供重要的财政支持，以便于高校能够为创业大学生提供一定的资金支持；其次是创业融资支持，在各大银行、金融机构，都能够向自主创业大学生提供小额贷款，并简化其贷款流程，使其能够更加便捷地进行开户与结算，进而使大学生能够在更加有利的环境下进行创业；最后是创业服务体系，各地政府为了鼓励大学生进行自主创业，对车库咖啡、创新工场等新型孵化器进行大力发展，以确保创业孵化服务能够得到不断完善，从而使大学生能够通过平台来获得优质的创业资源，并且大学生还可利用由政府建立的公共信息网来进行创业咨询，政府还通过人才中介服务机构为大学生创业提供免费的人事档案托管服务。

2. 企业资源

　　企业资源也是大学生创业资源中的一种，对于大学生而言，其创业的目的便是创办企业，而企业在发展过程中，可为其他学生创造更多的就业机会。

　　企业资源在两个方面有所体现：一方面是产学研合作资源，通过对相应的产学研平台进行搭建，能够使企业获取到高校大学生的创新创业成果，由企业对这些成果进行尝试与实践；另一方面是创业实习实践资源，企业发展规模的不断扩大，能够为其他大学生提供更多的就业机会，而这些大学生便可通过就业来获得岗位实践能力，从而使企业能够在大学生岗位实践能力的推动下，为企业项目的市场化运营提供指导。

3. 高校资源

　　在大学生创业资源中，高校资源也是其组成部分中的一种，高校资源在三个方面有所体现：一是创业教学体系，通过创业教学体系，使专业教育在开展的过程中实现创业教育；二是创业训练体系，高校通过举办各种形式的创业训练活动，如创新创业竞赛、创业训练营等，这些创业训练活动能够帮助大学生及时了解创业信息，并不断地学习与积累行业经验，增强大学生的创业实践能力，从而为大学生的自主创业打下坚实基础；三是为创业孵化体系，越来越多的高校开始打造创业孵化基地，这使得大学生能够在创业孵化基地得到良好的发展，并可进行与创业相关的尝试。此外，大学生创业过程中还能获得高校导师的一对一指导等服务。

4.社会资源

社会资源也是大学生创业资源中的一种，社会资源来自于家庭、金融机构、行业协会等社会各个领域。首先，从家庭方面来说，大学生在进行创业时，其家长或亲戚往往能够给予大学生很大的支持，这种支持既有精神上的支持，也有物质上的支持，并且家长对创业的认知性也会对大学生的创业行为产生影响；其次，从行业协会方面来说，行业协会可为大学生创业提供理论及实践上的指导，从而使大学生在创业过程中能够更好地吸收相关企业家及创业校友的创业经验及知识；最后，从金融机构方面来说，金融机构能够为创业者提供创业资金，并为大学生在创业过程中提供相应的优惠服务。

（七）课堂活动

> **活动主题**：交流讨论从自身、家庭、学校、当地政策等不同方面挖掘可用的创业资源。

（八）拓展阅读

创业者能否成功地开发出机会，进而推动创业活动向前发展，通常取决于他们掌握和能整合到的资源，以及对资源的利用能力。许多创业者早期所能获取与利用的资源都相当匮乏，而优秀的创业者在创业过程中所体现出的卓越创业技能之一，就是创造性地整合和运用资源，尤其是那种能够创造竞争优势，并带来持续竞争优势的战略资源。

1.整合创业资源的步骤

（1）必须具备的资源

无论未来企业如何发展，都只有三条道路：一是整合别人、做大做强；二是被人整合、退休养老；三是淘汰倒闭、遗憾终生。企业的核心竞争力就是对资源的整合能力，对资源的整合能力越强，核心竞争力也越强。因此，企业如何走出狭隘的发展空间，做大做强，与领导者的思维有着不可分割的关系，这就需要领导者必须具备一定的整合能力。

（2）分析已有资源

资源整合的前提是要善于发现资源，培养一双善于发现资源的眼睛，及时捕捉到所需的财富资源，就能比竞争对手多走一步。将自己的资源列出一张清单，包括资金、团队、渠道、客户、品牌、专业、人脉等方面，对这些资源进行精确分析，给自己的资源定性。这样，我们才知道该如何运用资源：一方面让自己的资源升值，实现资源价值的最大化；另一方面，询问自己需要哪些资源，并为如何获得这些资源制定策略。

（3）明确目标

1953年，美国哈佛大学曾对当时的应届毕业生做过一次追踪调研，在这个调研中询问当时那些毕业生是否对未来有清楚明确的目标及达成目标的书面计划，结果只有不到3%的学生有肯定的答复。而在20年后，1973年时，再次访问了当年接受调查的毕业生，结果发现那些有明确目标及计划的3%的学生，在20年后他们不论在事业成就，还是在快乐及幸福程度上都高于其他的人。另外，这3%的人的财富总和，居然大于另外97%的所有学生的财富总和，而这就是设定目标的力量。

设定目标后接下来就必须拟定一个执行的计划。一个有效的计划时常影响了目标是否能如期完成，但如何才能拟定出一个完整且有效的计划呢？答案是你得先知道为什么要达成这个目标的原因，一旦你对目的和原因了然于胸，一旦你知道为何去做，你自然会找出如何去做的方法和步骤。而你也自动地会产生强大且持续的推动力，努力不懈地去完成这个目标。

（4）分析缺少的资源

在资源整合的过程中，你会发现，你所有的资源都掌握在别人的手里，你要从别人那里拿到你想要的资源，就必须配合别人的价值观，给他所想要的，别人才会给你想要的。

如何判断你缺少什么资源？

方法一，在微笑曲线上找出所需要的上下游方面的资源：假如是制造企业，那么上游需要产品研发、原辅材料等资源，下游需要客户、品牌、物流等资源。这些上下游配套资源就是我们想要的资源。

方法二，列出资源表，将资源分门别类，看看需要什么。

一个人在知道自己想要的资源以后，整合思维是以对方为中心，研究对方想要什么，然后给对方想要的，获得对方的信任和认可，对方就会自愿给你想要的。

归纳起来，知道自己想要的资源，了解别人想要的资源，给别人他所想要的资源，他就给你想要的资源，这就是整合思维。

（5）明确缺少的资源在谁手里

资源短缺是每个企业都会面临的问题。在资源整合中，你缺什么并不重要，重要的是你知道缺少的资源在谁手里？对于中小企业来说，要解决当前各种资源短缺的困境，就要及时出击，找到自己需要的资源，再对症下药：或强强联手，或引进外来的设备、人才，或向银行贷款，或借助政策支持，等等。

（6）如何将缺少的资源整合回来

如何将别人的资源整合过来？这就涉及一个"舍得"的思维。中国的中小企业经营者往往碍于传统观念，重"得"轻"舍"，导致企业在遇到困境时固步自封，最后只能以倒闭收场。其实，"舍"与"得"就像一个完整的圆圈，只要你愿意为更多人服务，首先奉上自己的资源，别人也能给你对等回报甚至更多的资源。所以，整合的关键是互补，只有资源互补，才能实现资源的整合，达到共赢的状态。

一旦了解了对方拥有的资源和缺少的资源，就能够有针对性地进行资源整合。但是，如果不与对方建立良好的信任关系，就不能顺利地进一步整合。从这里，可以看到"诚信"在整合中的重要性。如果你的诚信记录非常良好，必然会大大增加整合的成功率，相反，就会大大降低整合的成功率。

2. 整合创业资源的方式

（1）学会拼凑

很多创业者都是拼凑高手，通过加入一些新元素，与已有的元素重新组合，形成在资源利用方面的创新行为，进而可能带来意想不到的惊喜。创业者通常利用身边能够找到的一切资源进行创业活动，有些资源对他人来说也许是无用的、废弃的，但创业者可以通过自己的独有经验和技巧，加以整合创造。

（2）创造性整合

成功的创业者善于用发现的眼光，洞悉身边各种资源的属性，并将它们创造性地整合起来。这种整合很多时候甚至不是事前仔细计划好的，而往往是具体情况具体分析、"摸着石头过河"的产物。

（3）发挥资源杠杆效应

成功的创业者善于利用关键资源的杠杆效应，利用他人或者别的企业的资源来完成自己创业的目的：用一种资源补足另一种资源，产生更高的复合价值；或者利用一种资源撬动和获得其他资源。其实，大公司也不只是一味地积累资源，他们更擅长于资源互换，进行资源结构更新和调整，积累战略性资源，这是创业者需要学习的经验。

对创业者来说，容易产生杠杆效应的资源，主要包括人力资本和社会资本等非物质资源。创业者的人力资本由一般人力资本与特殊人力资本构成，一般人力资本包括受教育背景、以往的工作经验及个性品质特征等。

（九）实践练习

优化供应链

大学生初步开展电子商务创业，一般都是没有自己的货源的，进货太多又极可能积压库存。

要求：针对某款产品，寻找3家以上的供应链，对比价格，而且要保持最小限度的积压库存。

七、强化诚信观念

（一）学习目标

1. 知识目标：理解诚信的内涵和意义
2. 技能目标：增强信守承诺的能力
3. 素养目标：树立诚信创业的理念，提升防骗意识

（二）学习任务

1. 参与课堂活动，完成课后练习
2. 以诚信为本从事创业实践

（三）学习导读

诚信——大学生的立身之本

（四）名言警句

人而无信，不知其可也。

——孔子（儒家学派创始人）

小信诚则大信立。

——韩非子（中国古代思想家）

伟大人格的素质，重要的是一个诚字。

——鲁迅（中国著名文学家、思想家、革命家）

欺人只能一时，而诚信才是长久之策。

——约翰·雷（英国博物学家）

诚实和勤勉应该成为你永久的伴侣。

——本·富兰克林（美国政治家、物理学家）

信犹五行之土，无定位，无成名，而水金木无不待是以生者。

——朱熹（中国南宋时期理学家）

真诚到永远。

——海尔著名广告语

（五）情景案例

张瑞敏：因诚信而成功的海尔

海尔集团是世界第四大白色家电制造商，也是中国电子信息百强企业之首。旗下拥有240多家法人单位，在全球30多个国家建立本土化的设计中心、制造基地和贸易公司，全球员工总数超过5万人。海尔能有如今的发展，离不开"诚信"二字！

故事一：砸76台冰箱，换来诚信根基

1985年，一个朋友来到张瑞敏的厂里选购冰箱，挑了很长时间才找到一台没有任何瑕疵的冰箱。这件事深深刺痛了张瑞敏的内心，于是他立即下令审查冰箱质量，最终从400台冰箱中发现76台冰箱虽然不影响冰箱的制冷功能，但外观有划痕。那时候，一块钱能买十斤白菜或一斤多花生油或六两猪肉。一台冰箱两千多元，是一个工人三年多的工资。就算这样，冰箱依然供不应求，抢都抢不上，"纸糊的冰箱都有人买"。因此，有人建议：冰箱即使有一点点毛病也是市场上的紧俏货，并不影响使用，可以作为福利低价转卖给厂里的职工，以挽回企业的损失。然而，此建议却被张瑞敏当场否决了，他对大家这样说道："今天，我要是允许把这76台冰箱卖了，就等于允许你们明天再生产出760台、7600台这样的不合格的冰箱，放行这些有缺陷的产品，就谈不上质量意识。"说罢，他便亲自抢起大锤将这76台质量不达标的电冰箱都砸了，见状在场的很多海尔人都流下了热泪，他们被张瑞敏的举动震服了。

张瑞敏说："过去大家没有质量意识，所以出了这起质量事故，这是我的责任。这次我的工资全部扣掉，一分不拿。今后再出现质量问题就是你们的责任，谁出质量问题就扣谁的工资"。张瑞敏清楚，并不是把冰箱砸了质量马上就好了，但通过这件事情更重要的是提高员工质量意识，传递一种理念，那就是所有的有缺陷的产品都不能出厂。1988年12月，海尔获中国电冰箱史上的第一枚质量金牌，从此奠定了海尔冰箱在中国电冰箱行业的领军地位。

故事二：背着洗衣机，送到用户家

1995年7月6日，海尔广州工贸公司与潮州用户陈志义约好7月8日上门送去他选购好的一款滚筒洗衣机。那时，潮州还没有海尔的专卖店。7月7日上午，海尔驻广州服务人员毛宗良租了一辆车，拉着洗衣机上路了，到下午2：00时，车出了问题，而离最近的海丰城还有2公里路。烈日下，他守着洗衣机拼命地拦着偶尔过往的车，但司机都不愿拉……就这样，毛宗良拦了十几辆车没有结果，此时已是下午3点钟了。"不能再等了……"小毛开始在路边找绳子，他决定将洗衣机背到用户家！烈日下的温度高达38℃，此时的小毛还没有吃中午饭，但为了抢时间，他背起重约近百斤的滚筒洗衣机上路了，不一会儿，汗水便湿透了他的衣衫，路上偶尔路过的行人好奇地看着他，不明白这个小伙子为何要背着洗衣机在烈日下行走……累了歇一会，再走。就这样，2公里路走了两个多小时，到达海丰城时，已是下午5点多了，此时的他浑身上下已被汗水湿透了，又累又饿，但他做的第一件事便是与销售公司联系，请他们派车来提洗衣机。他守着洗衣机坐在路边上等；销售公司的车来了，等将洗衣机装上车出发时，毛宗良才想起，已有两顿饭没吃了。到达潮州时已是夜里12点多了！7月8日一早，洗衣机准时送到用户家安装。当用户得知毛宗良为了遵守与自己的约定，背着洗衣机而来时，被他对用户负责的精神深深感动！在海尔的服务中，用户满意就是标准。没有一切为用户着想的精神，纵使有健壮的体魄也不会去背洗衣机。

如今的海尔坚持"以人为本"策略，在社会上的影响力非常深远。一个成功的企业不能被金钱迷失了方向，只有秉承诚信经营的价值观，才能走得好，走得远！

（六）知识要点

何为诚信？

诚，就是要实事求是，不扩大，不缩小；信，就是要一言九鼎，说到做到，不朝秦暮楚，不朝令夕改。诚信是一个道德范畴，即待人处事真诚、老实、讲信誉，言必信、行必果，一言九鼎，一诺千金。诚信在《说文解字》中的解释是："诚，信也""信，诚也"。可见，诚信的本义就是要诚实、诚恳、守信、有信，反对隐瞒欺诈、反对假冒伪劣、反对弄虚作假。诚信是立业之本、为人之本，是企业和个人的第二张身份证。

（七）课堂活动

1. **活动主题**：讨论身边的诚信问题。
2. **活动目的**：认识诚信在生活中、创业中的重要性。
3. **活动组织**：
（1）将同学随机分为 5 个小组，讨论学校生活中存在的诚信问题。
（2）讨论结束后，每个小组派 1～2 名同学来总结小组的讨论结果。
4. **总结提升**：请同学分享自己的诚信小故事或者失信后的心理感受。

（八）拓展阅读

1. 宋濂守信好学

宋濂小时候喜欢读书，但是家里很穷，没钱买书，只好向人家借，每次借书，他都讲好期限，按时还书，从不违约，人们都乐意把书借给他。

一次，他借到一本书，越读越爱不释手，便决定把它抄下来。可是还书的期限快到了，他只好连夜抄书。时值隆冬腊月，滴水成冰。他母亲说："孩子，都半夜了，这么寒冷，天亮再抄吧，人家又不是等这书看。"宋濂说："不管人家等不等这本看，到了期限就要还，这是个信用问题，也是尊重别人的表现。如果说话做事不讲信用，失信于人，怎么可能得到别人的尊重。"

又一次，宋濂要去远方向一位著名学者请教，并约好见面日期，谁知出发那天下起鹅毛雪。当宋濂挑起行李准备上路时，母亲惊讶地说："这样的天气怎能出远门呀？再说，老师那里早已大雪封山了。你这一件旧棉袄，也抵御不住深山的严寒啊！"宋濂说："娘，今不出发就会误了拜师的日子，这就失约了。失约，就是对老师不尊重啊。风雪再大，我都得上路。"

当宋濂到达老师家里时，老师感动地称赞道："年轻人，守信好学，将来必有出息！"

2. 晏殊诚实守信

古往今来，凡是品德高尚的人，都是诚实守信的。北宋时期著名的文学家和政治家晏殊，14 岁被地方官作为"神童"推荐给朝廷。他本来可以不参加科举考试便能得到官职，但他没有这样做，而是毅然参加了考试。事情十分凑巧，那次的考试题目是他曾经做过的，得到过好几位名师的指点。这样，他不费力气就从几千多名考生中脱颖而出，并得到了皇帝的赞赏。但晏殊并没有因此而洋洋自得，相反他在接受殿试时，把情况如实地告诉了皇帝，并要求另出题目，当堂考他。皇帝与大臣们商议后出了一道难度更大的题目，让晏殊当堂作文。结果，他的文章又得到了皇帝的夸奖。

晏殊当官后，每日办完公事，总是回到家里闭门读书。后来皇帝了解到这个情况，十分高兴，就点名让他做了太子手下的官员。当晏殊去向皇帝谢恩时，皇帝又称赞他能够闭门苦读。晏殊却说："我不是不想去宴饮游乐，只是因为家贫无钱，才不去参加。我是有愧于皇上的夸奖的。"皇帝又称赞他既有真实才学，又质朴诚实，是个难得的人才，过了几年便把他提拔上来，让他当了宰相。

晏殊受到皇帝的赏识和重用的故事说明，一个人为人诚实，表里如一，不弄虚作假，对于取得别人的信任是多么的重要！

（九）实践练习

呼唤诚信，共筑诚信

以个人为单位，完成一份诚信承诺书（要求：列举出大学生诚信规范条例）。

承诺人（签字）：

年　　　月　　　日

八、提高情商思维

（一）学习目标

1. 知识目标：了解情商的内涵
2. 技能目标：学会一种情商测试方法，掌握提高情商的方法
3. 素养目标：提升待人处事的水平，提高创业情商

（二）学习任务

1. 学习情商基本知识
2. 参与课堂自测和分析活动
3. 通过练习，提高情商

（三）学习导读

1. 学习强国：《你真的理解"情商"吗？》
2. 学习强国：《情商》

（四）名言警句

事情取决于我们如何看待它们。

——奥·斯韦特·马顿（《成功》杂志创始人）

在任何领域，情商的重要性都是智商的两倍；在成功的层面上，情商比智商重要几倍。

——李开复（创新工场首席执行官）

情商是一种能洞察人生价值，揭示人生目标的悟性；是一种可在顺境、逆境之中穿梭自如的能力。

——谭昆智（中山大学副教授）

如果你想成为一名成功的领导，那么最重要的不是你的智商（IQ），而是你的情商（EQ）。最重要的不是要成为一个有号召力令人信服的领导，而是要成为一个谦虚、执着和有勇气的领导。

——李开复（创新工场首席执行官）

（五）情景案例

李静：胜在情商

李静，很多人在提到这个名字的时候都会竖起大拇指，因为她不仅是一个成功女性，而且是一个业内公认的女强人。"我不聪明，更不精明，而且满身缺点，我只是，用心用智慧，去对待我身边的人，是他们通力合作，帮我走到了今天这样一个位置"。

无疑，李静是一个成功的女人，拥有自己的影视制作公司，拥有包括《超级访问》《美丽俏佳人》等六档名牌节目，拥有自己的时尚专业网站——乐蜂网，拥有一个爱她的丈夫和一个可爱的女儿。

很难想象她娇小的身躯所酝酿的巨大能量，可以同时穿梭于这么多种角色之间：CEO、制片人、主持人、妻子、母亲、女儿，且游刃有余。

将这个问题提给李静的时候，她说："嘿，单靠我自己哪行啊，我身边有一帮人，在全心帮我，没有他们，我什么都干不成！"

那么这个小女子凭借什么样的魅力，可以把这么多人紧紧团结在她的身边，帮助她成就梦想呢？

李静想了想，说："我自己也有些匪夷所思呢，如果一定要有什么原因的话，那么就是我还算是一个情商蛮高的人吧！"

1. 爱和信任能够创造奇迹

有句话说：要想知道一个人怎么样，最简单的方法就是看他身边的人跟了他多久。如果以这个来衡量的话，那么我做人算是不错的吧，我的很多员工，跟着我都有十几年了。

有几个女孩子是从我开始做自己的工作室时就跟着我的，那个时候我不懂，她们更不懂，可以说是一起成长一起摸索。记得那时候她们要出去谈广告，似乎出去谈广告就要陪人喝酒，有一次一个女孩子喝得烂醉如泥，回到办公室吐得一塌糊涂，我很心疼，是真的心疼，就像看着自己的妹妹，被人欺负了一样，我哭了，我就对工作室的人说："我们不喝酒，以后谁让你们喝酒你们可以拒绝，即使单子跑了我也不怪你们！但是我们靠什么生存呢？我们要靠节目的质量，节目做好了，自然广告就来了，不需要我们去陪人喝酒！"她们都很听话，真是铆足了劲儿和我干，因为她们知道静姐是真的心疼她们、在保护她们。人都是以心换心的，经营状况特别难的那几年，我发工资，你能相信吗，都没人要，她们都是异口同声一句话："先花在节目上吧。"这些人在我眼里，就是我的亲人。

我也从不以老板自居，比如录完像，我和大家一起搬椅子、搬桌子，和他们一起吃盒饭，当看到你这样做了，其他人都不用说，自然就会跟着做。我也不骂员工，如果他们犯了错，我会指出来，谁不犯错呢？我不认为我给他们开工资就拥有骂他们的权力。

现在公司越做越大了，好几摊子业务，好多人都问我怎么顾得过来，我的原则是：不用管、要知道。就是说不具体插手，但事情进展到什么进度了我要知道。我一旦把什么事情交给了什么人，就绝对信任他们，随便他们去做，不过去指手画脚，只要他们达到我要的结果就行，其实最重要的不就是个结果吗？

和戴军也是，我们做搭档有十几年了，从来没有红过脸，以前也有人在我面前打小报告，说他又在外头做了什么节目啊，我很不喜欢别人在我面前说这些，人往高处走，他想拓展自己的业务空间不是再正常不过的一件事儿吗？后来我都亲自向别的制片人推荐他，因为我对我们之间的友谊有信心，他决不会放下我这边不管，事实也是这样，他常和我开玩笑说我们要创吉尼斯世界纪录，做合作时间最长的搭档。

把所有的同事当作家人一样，爱他们、信任他们，他们也会回报你同样的爱和信任，当一个公司里的上上下下，都相互爱和信任着，这个公司，想不赚钱都难。其实这也是一个最简单、最省心的管理方法。

2. 朋友是最有价值的财富

都说娱乐圈里没有真情，我不这样看，像我们做访谈节目的，很多时候就靠朋友，人家愿不愿意来上你的节目？来上你的节目了能说到什么程度？很多时候都是友情在起作用。

我在娱乐圈的朋友挺多的，其实我不是那种有事没事都和朋友腻在一起的人，忙起来也许一年半载不见面，但是我有一点，就是朋友真正需要我的时候，我无论多忙，也会立即赶到他们身边。像孙悦，当年经纪人居鹏被人杀害，案件发生后，有许多对她不利的传闻，而她的演唱事业也几乎陷于停顿，她本来就很瘦，那段时间暴瘦近二十斤，几乎不成人形，我听说了这件事，立即去看她，她当时住在一个小小的公寓里，房子里乱七八糟，床边上一字排开几十个薯片罐，她说她吃不下饭，就靠吃薯片维持生命，我一看眼泪就下来了，不由分说把她拖起来，带着她去附近的粥店，要了一碗粥，我付给店里的服务生一点儿钱，让他们每天都要去给她送粥。

我最大的特点就是心宽，特别不爱记仇，不像一般的女孩子小肚鸡肠，和我相处不累、舒服。像徐静蕾，也是很仗义的这么一个人，她和王朔是哥们儿，王朔出小说《我的千岁寒》的时候，有一个也叫李静的人在自己的博客上发了一篇评论，大概就是批评这篇小说如何如何不好，徐静蕾看见了，以为是我写的，立即写了一篇博客指名道姓讽刺我，说得非常难听。这要是搁在别人，早翻脸了——你怎么不调查就随便骂人啊？可是我一点儿都没有往心里去，托一个中间人给徐静蕾解释了一下，告诉她她误会了，评论不是我写的。结果徐静蕾知道了以后特别不好意思，亲自给我打电话向我道歉，不打不相识，我们经过这么一件事后反倒成了朋友，最近我第一次投资拍电视剧《再过把瘾》，剧本改编自王朔的小说《过把瘾就死》，因为徐静蕾对王朔的作品比较了解，我就请她来做这部电视剧的监制，她对我说："李静，这部电视剧交给我你就放心好了，不红都难。"

就是靠这么一帮朋友，我才能走到今天，我给别人的印象总是特别勇敢，因为我无所畏惧，我不怕将来会破产什么的，我相信即使什么都没有了，也还有这一帮朋友在，朋友在，我就随时能够东山再起，他们是我最有价值的财富。

3. 善于示弱

我现在工作这么忙，丈夫和女儿基本是顾不上的，幸亏有我妈在这里帮我。但是，作为一个家庭的女主人，怎么样才能让家里的每一个人都能感觉到你对他们的爱与依赖呢？我的法宝是：示弱。

我妈无疑是我们家最辛苦的人，一个家庭的诸多琐事，都是她在替我操持。我也很依赖她，在家里，只要什么东西找不到，我立即就会叫妈，每次妈妈把我要找的东西递到我的手上，我总是对她说："妈，如果没有你，我真不敢想象我该怎么办！"有时候我也和她开玩笑："妈，你可千万别死啊，你死了我怎么办？这个家就完蛋了！"我总是告诉我妈，她对我的重要性，其实老年人最怕的就是自己不中用了，成为儿女的负担了，当她发现自己的女儿还像小时候一样依赖她，她在这个家里的作用是不可或缺的，她就会开心，再累也会开心。

对于老公，虽然平时没有多少时间在一起，但是每次我遇到自己搞不定的事情，我一定会去问他，听一听他的意见，我会说："哎呀，怎么办啊，你帮我想想办法吧。"每当这个时候老公就会很高兴，他再忙，也会放下手头的事情，帮我出谋划策，然后我就会不失时机地夸他一句："这女人哪，有的时候没男人真的不行，听你给我这么一讲，我心里就有底了。你真是太厉害了！"他就一副得意的样子。其实我和老公平时在一起的时间很少，但是感情却很好，很大一个原因就是他知道：别看李静在外面一副女强人的架势，其实真的遇到事情，她就知道哭，就知道来问我！我没你不行——这是我经常告诉老公的，我都这么说了，他哪好意思给我撂挑子呀！

我的女儿今年四岁，四岁的小孩子正是黏人的时候，女儿也不例外，我对付她的法宝依然是示弱。

每天出门去公司，我会装作一副很忧愁的样子对女儿说："宝宝，怎么办呢？妈妈要去上班，如果妈妈不上班，妈妈公司里的好多哥哥姐姐就没有饭吃，可是妈妈多么想陪着宝宝呀，宝宝，你帮妈妈想一个办法吧！"每一次，我四岁的小女儿，都会歪着脑袋认真地想一会儿，然后告诉我："妈妈，你去上班吧，宝宝自己玩。"就是这样，即使是四岁的孩子，也有为他人分担烦恼的愿望，只要你给她足够的信任，只要你可以弯下腰来示弱。

很多人都羡慕我，说："李静这家伙，粘上毛比猴都精，家庭、事业都经营得那么好，我天天就做一件事已经焦头烂额了，她是怎么做到的？"

其实这个问题我自己也想了很久，最终发现，我不聪明，更不精明，而且满身缺点，我只是，用心用智慧，去对待我身边的人，是他们通力合作，帮我走到了今天这样一个位置。

（六）知识要点

1. 何为"情商"

"情绪智慧"或"情绪智商"，又称为"情绪智力"，简称情商。

情商（Emotional Quotient）通常是指情绪商数，简称EQ，它是近年来心理学家们提出的与智商相对应的概念。从简单的层次上下定义，提高情商的基础是培养自我意识，从而增强理解自己及表达自己的能力。戈尔曼和其他研究者认为，情商由自我意识、控制情绪、自我激励、认知他人情绪和处理相互关系这五种特征组成。

值得指出的是，情商固然包括人与人互动的层面，但情商的意义并非指诌媚、奉承、巴结、虚伪。情商越来越多地被应用在企业管理学上。对于组织管理者而言，情商是领导力的重要构成部分。

最新的研究显示，一个人的成功，只有20%归诸智商，80%则取决于情商。美国哈佛大学的教授丹尼尔·戈尔曼（Daniel Goleman）表示："情商是决定人生成功与否的关键。"

情商包含以下五个主要方面。

（1）了解自我：监视情绪时时刻刻的变化，能够察觉某种情绪的出现，观察和审视自己的内心世界体验，它是情绪智商的核心，只有认识自己，才能成为自己生活的主宰。

（2）自我管理：调控自己的情绪，使之适时适度地表现出来，即能调控自己。

（3）自我激励：能够依据活动的某种目标，调动、指挥情绪的能力，它能够使人走出生命中的低潮，重新出发。

（4）识别他人的情绪：能够通过细微的社会信号，敏感地感受到他人的需求与欲望，即认知他人的情绪，这是与他人正常交往，实现顺利沟通的基础。

（5）处理人际关系：调控自己与他人的情绪反应的技巧。

情商（情绪商数）由两位美国心理学家约翰·梅耶（John. D. Mayer 新罕布什尔大学）和彼得·萨洛维（Peter Salovey 耶鲁大学）于1990年首先提出，但并没有引起全球范围内的关注，直至1995年，由时任《纽约时报》的科学记者丹尼尔·戈尔曼出版了《情商：为什么情商比智商更重要》一书，才引起全球性的EQ研究与讨论，因此，丹尼尔·戈尔曼被誉为"情商之父"。

2. 提高情商的方法

（1）不抱怨不批评。高情商的人一般不批评别人，不指责别人，不抱怨，不埋怨。其实，这些抱怨和指责都是不良情绪，它们会传染。高情商的人只会做有意义的事情，而不做没有意义的事情。

（2）热情和激情。高情商的人对生活和工作总保持热情，有激情。知道调动自己的积极情绪，让好的情绪伴随每天的生活、工作。不让那些不良的情绪影响到生活或工作。

（3）包容和宽容。高情商的人宽容，心胸宽广，心有多大，眼界有多大，你的舞台就有多大。高情商的人不斤斤计较，有一颗包容和宽容的心。

（4）沟通与交流。高情商的人善于沟通，善于交流，并且以坦诚的心态来对待，真诚又有礼貌。沟通与交流是一种技巧，需要学习，在实践中不断地总结摸索。

（5）多赞美别人。高情商的人善于赞美别人，这种赞美是发自内心的、真诚的。看到别人优点的人，才会进步得更快，总是挑拣别人缺点的人会固步自封反而退步。

（6）保持好心情。高情商的人每天保持好心情，每天早上起来，送给自己一个微笑，并且鼓励自己，告诉自己是最棒的，告诉自己是最好的，并且周围的朋友们都很喜欢自己。

（7）聆听好习惯。高情商的人善于聆听，聆听别人说话，仔细听别人说什么，多听多看，而不是自己口若悬河。聆听是尊重他人的表现，聆听是更好沟通的前提，聆听是人与人之间最好的一种沟通。

（8）有责任心。高情商的人敢做敢承担，不推卸责任，遇到问题，分析问题，解决问题。正视自己的优点或是不足，敢于担当。

（9）每天进步一点点。高情商的人每天进步一点点，说到做到，立刻就开始行动。不是光说不做，行动力是成功的保证。每天进步一点点，朋友们也更加愿意帮助这样的人。

（10）记住别人的名字。高情商的人善于记住别人的名字，用心去做，就能记住。记住了别人的名字，别人也会更加愿意亲近你，和你做朋友，你会有越来越多的朋友，有好的朋友圈子。

（七）课堂活动

1. 学会赞美

活动目的：强化沟通能力，提升情商思维。

活动组织：

（1）请同学按1、2、3、4、5报数，分成若干组。

（2）在每一个小组中，让成员轮流相互赞美。

总结提升：讨论活动感受。

（1）被赞美时的感觉。

（2）你在赞美别人时是怎么想的。

（3）从两者中间得到的启示。

2. 案例讨论

案例：一个员工把花瓶打碎了，老板马上关心道："怎么样，有没有伤到，带你去包扎一下吧。"

员工很感动，忙说："没事没事，不用麻烦了。"

随后，老板把主任叫到办公室说："去，让他把花瓶赔了。"

老板做了个好人，把麻烦留给主任，谁知主任一句话就搞定了。

讨论：假如你是主任，怎么能够一句话就让员工心情愉快地赔偿花瓶？

（八）拓展阅读

1. 理发师的智慧

北宋时的宰相寇准有一次去剪头发，理发师理到一半时，也许是因为过度紧张，不小心将头发剃秃了一块。这下可把他吓坏了，顿时惊恐万分，宰相要是怪罪下来，那还了得。理发师不愧是个老江湖，深知一般人的心理：盛赞之下，怒气全无。

情急之下，忽生一计。他连忙将剃刀放下，故意两眼直愣愣地看着宰相寇准的肚子，那种眼神好像宰相怀了小孩，好奇而不解。

寇准见他这样，感到十分迷惑，连忙问："你不继续理发，为什么盯着我的肚子看个没完？"

理发师解释道："人们常说，宰相肚里能撑船。我看您的肚子并不大呀，怎么能撑得了船呢？"寇准闻听此言，顿时哈哈大笑说："宰相肚里能撑船，是指宰相的气量相对比较大，对于一些小事情，能够容忍，不计较。"理发师听到这里，"扑通"一声跪到地上，战战兢兢地说："小的该死，刚才在给大人理发时，不小心将头发剃秃了一块，宰相您的气量大，请饶恕小的吧！"

寇准闻听此言，摸摸自己的头发，果真秃了一块。刚要勃然大怒，但转念一想：自己刚说过宰相的肚量大，不计较小事，现在怎么能对犯了小错的理发师治罪呢？

于是，笑着说道："好了，你起来吧，谁让宰相的肚里能撑船呢？"

故事结论：在沟通中，真诚的赞美肯定是最动听的语言，解决问题时，也缺少不了赞美的语句，找到恰当的赞美方向，便更容易找到解决问题的突破口。

2. 别人的感受

这件事情是发生在普吉岛的 ClubMed 度假村，那时我在那里担任英文的翻译公关。

有一天，我在大厅里，突然看见一位满脸歉意的工作人员，安慰着一位大约四岁的西方小孩，饱受惊吓的小孩已经哭得精疲力尽了。

问明原因之后，我才知道，原来这位工作人员，因为那天小孩较多，而一时疏忽，在儿童的网球课结束后，少算了一位，而将这位澳洲小孩留在网球场。

等到她发现人数不对时，才赶快跑到网球场，将这位小孩带回来，而小孩因为一个人在偏远的网球场，而饱受惊吓，哭得稀里哗啦的。

现在澳洲妈妈出现了，看着自己的小孩哭得惨兮兮的。

如果你是这位妈妈，你会怎么做？痛骂那位工作人员一顿？还是很生气地带小孩离开，再也不参加"儿童俱乐部"了？还是直接向主管投诉？

都不是！我亲眼看见这位妈妈，蹲下来安慰四岁的小孩，并且很理性地告诉他："已经没事了，那位姊姊因为找不到你而非常紧张难过，她不是故意的，现在你必须亲亲那位姊姊的脸颊安慰她一下！"

当下我只见那位四岁的小孩，垫起脚跟，亲亲蹲在他身旁的工作人员的脸颊，并且轻轻地告诉她："不要害怕，已经没事了！"

当你感到难过害怕的同时，也别忘了别人心里的感受；当你对朋友施予帮助，也别忘了不要伤到其他人。

（九）实践练习

EQ 测试

这是欧洲流行的著名 EQ 测试题，可口可乐公司、麦当劳公司、联合利华公司等世界 500 强众多企业，曾以此作为员工 EQ 测试的模板，以帮助员工了解自己的 EQ 状况。

答题须知：

1. 扫描下方二维码，开始 EQ 测试。

2. 请在心态平和及时间充足的情况下才开始答题。

3. 每道题目均有五个答案：A、B、C、D、E，请仔细阅读题目，凭你心里的第一反应做出选择即可。

4. 本题为选做题，也可以在网络上选择一款合适的"情商测试"国际标准版。

下 篇

九、提升创业能力

（一）学习目标

1. 知识目标：了解创业应具备的能力
2. 技能目标：掌握提升创业能力的方法
3. 素养目标：能在创业实践中提升创业能力

（二）学习任务

1. 实践提升创业能力的方法
2. 完成课后练习

（三）学习导读

学习强国：南京大学《走进创业》——诺贝尔物理学奖获得者的创业道路

（四）名言警句

人生伟业的建立，不在能知，乃在能行。

——托马斯·亨利·赫胥黎（英国著名博物学家）

学习必须与实干相结合。

——泰戈尔（印度哲学家）

不能等别人为你铺好路，而是自己去走，去出错，而后，创造一条自己的路。

——罗伯特·凯利（美国创作歌手）

做生意应坚持这样一个观点，做获取利润之后的利润，核算成本之前的成本。学习并领悟"让"，而不是学习并领悟"送"，商人的最高境界是"让"，"送"是慈善。

——冯仑（中国民生银行创业董事）

要取得事业成功，必须花心思预测未来几个月甚至几年的事情。

——马化腾（腾讯科技首席执行官）

（五）情景案例

四川理县祁富云：三次创业 闯出养殖致富路

1997 年，刚满 17 岁的四川省阿坝州理县蒲溪乡奎寨村村民祁富云不安于现状，毅然外出打工。他先后到薛城、红原、马尔康、成都等地，砌墙、学厨师、开餐馆、挖虫草、开铺子……走了很多地方，做了很多份工作，这让祁富云开阔了视野，学到了知识，也赚到了属于自己的一桶金。

"5·12"汶川地震后，国家灾后重建政策致力于调整产业结构，这也让灾区农民在发展产业上有了更多的机会。机缘巧合下，祁富云决定拿着自己这些年的积蓄返乡创业。第一次的创业并不顺利，他在汶川县水磨镇承包了 50 亩退耕还林地作为养殖基地，买了 5000 只鸡苗开始饲养，却因经验不足，鸡死了很多，加之又没有销售渠道，投资的 30 万元资金化为乌有。"当时感觉特别挫败，但我不断提醒自己，有理想就应该去实现，不管再苦再难也要坚持下去。"祁富云说。

直到 2011 年，祁富云决定为自己的理想再赌一次。他回到了家乡重新开始搞养殖，但这一次他提前做起了功课。"考虑到理县高半山土地较多，利用退耕还林地和气候差异搞跑山鸡养殖应该是再合适不过了。"说干就干，祁富云一下就购进了 100 只鸡苗，眼看着跑山鸡即将出栏时，却因一场大雪压垮了养殖场内的防护网，让 100 多只鸡全部跑掉。眼睁睁地看着所有的投资和努力瞬间都成了泡影，祁富云却没有选择放弃，而是做出了一个大胆的决定，他卖掉了自己在县城的住房，并在农村信用社贷款 10 万元，开始了自己的第三次创业。

有了前几次的失败经历，这一次，他不仅在网上查资料，还到各地考察、学习别人的先进经验和技术。于是，在 2012 年 4 月祁富云创办了富裕专业合作社，以养殖跑山鸡为主，林下种植天然绿色农产品为辅。渐渐地，在技术的支持和自身的努力下，合作社慢慢开始产生了经济效益。"一人富不算富，大家富才是富"，祁富云通过合作社免费为养殖户提供技术、上门指导等服务，鼓励大家一起发展跑山鸡养殖，从而带动更多人致富。

眼看着合作社发展越来越好，祁富云又开始考虑建立完整规范的林下养殖管理体系，他从农户手中流转了 50 亩土地来种植玉米，作为养殖跑山鸡的纯天然饲料基地。2015 年、2016 年自己又创办了阿坝州飞鹏杰生态农业开发有限公司，承包了甘堡乡联合村集体高山撂荒地 100 多亩发展林上经济；后期，为提升产品附加值，又修建了定点屠宰加工厂房，完善了冻库、检验室、办公室、库房等设施设备，成立了屠宰生产线、加工生产线、包装生产线，并注册了商标，走出了一条"公司＋合作社＋农户＋基地"的发展路子。

如今，合作社已养殖跑山鸡 15000 余只，辐射带动农户 480 余户，除了理县，还涉及小金、金川、马尔康、茂县等地农户，培养农户养殖合作社 10 余户。此外合作社免费为养殖困难户送鸡苗，年底合作社回收鸡和鸡蛋，除了提供鸡苗，还加强技术指导，积极开展林下养殖技术培训，指导农户进行成本核算，引导他们适时买卖，增加收益，做大产业。

"我希望更多的农户加入到合作社，共同养殖跑山鸡致富，让高半山飞出更多的'金凤凰'！"祁富云说道。

（六）知识要点

1. 何为"创业能力"

能力，是完成一定活动的本领。能力的高低，直接影响活动是否能够顺利完成。创业能力，可以通俗地理解为人们进行创业活动，为实现创业目标所应具备的能力。

创业者所需要的创业能力包含以下四个主要方面。

（1）管理力

创业者管理力的高低，对创业目标的实现起着决定性的作用。如何管理好创业团队，最大限度地发挥团队的力量，从而实现创业目标，是创业者需要深入思考的问题。管理力具体体现为组织协调能力、选人用人的能力、感召力等。1955 年诺贝尔物理学奖获得者威廉·肖克利（Wiluiam Ssockley），在圣克拉拉谷（现在的"硅谷"）建立了肖克利实验室股份有限公司，招募了 8 位优秀的美国电子研究领域精英，但由于肖克利缺乏管理力，甚至跟人打交道的能力都没有，8 名主要员工于 1957 年集体跳槽成立了仙童半导体公司，后来开发了第一块集成电路。而肖克利实验室则每况愈下，两次被转卖后于 1968 年永久关闭。肖克利则被迫弃商从教，于 1963 年开始担任斯坦福大学教授。而美国"钢铁大王"安德鲁·卡内基（Andrew Carnegie）虽然对钢铁制造一窍不通，但有良好的管理能力，通过任用一批懂技术的人才，获得了成功。他的墓碑上刻着自己撰写的墓志铭：这里躺着的是一个能够让比他更聪明的人围绕在他身边的人。

（2）洞察力

洞察力，也称预见力，是指一个人多方面观察事物，从多种问题中把握其核心的能力。它迫使你去抓住问题的实质，而不只是看到外表现象。缺乏洞察力的人只见树木或只见森林，而不能两者俱见。缺乏洞察力的创业者，会浪费宝贵的资金和人力，因为他无法抓住问题的根本，因此无法制订有效的方案或做出科学的决策。创业者需要敏锐的洞察力，才能抓住瞬息万变的商业信息，掌握市场微妙的变化，提前做出正确的预判，使企业立于不败之地。

（3）行动力

创业者要实现创业目标，离不开出色的行动力。如果没有过硬的行动力，那么即使有再好的项目，也只能是沙盘上的宏伟蓝图、贴在墙壁上的标语、挂在嘴边的口号，永远不会实现。我们总是计划得很美好，目标制定得很具体，但落地执行，却一塌糊涂，黯然收场。列宁曾讲过："不能做'思想的巨人，行动的矮子'"。意思就是说，一个人把一件事想得天花乱坠，但是没有实践，讽刺那些只说不做，夸夸其谈的人。因此，创业不需要纸上谈兵，需要的是大胆迈出第一步，脚踏实地去行动。

（4）学习力

学习力，是把知识资源转化为知识资本的能力，是一个人、一个组织保持学习的自主性、能动性和创造性。当今世界是一个充满竞争的世界，也是一个知识创造与更新速度日益加快的时代。复旦大学原校长杨家福教授曾说："一个大学生在毕业离开大学的那天，他在这四年里所学的知识有 50% 已经过时。我们可以保证自己今天是人才，却无法保证明天的我们依然是一个人才。"在 20 世纪 60 年代，被《财富》杂志列为世界500 强的大公司，堪称全球竞争力最强的企业，然而，1970 年的 500 强到 80 年代有三分之一销声匿迹，到 20 世纪末更是所剩无几了。这一方面反映了风起云涌的新科技革命和新经济的产生迅速切换或淘汰传统产业的大趋势，但同时也反映出这些大企业不善于与时俱进，跟不上时代的节拍而被时代抛弃的必然。可见，学习力是创业者必不可少的核心能力。

2. 提升创业能力的方法

（1）学习

众所周知，学如逆水行舟，不进则退。终身学习理念也已在世界范围内形成共识。坚持学习能够让我们的知识及时更新，拓宽知识面的广度，加深知识点的深度。我们可以通过阅读创业项目相关领域的书籍、参加一些短期的主题培训来提升自己。创业是十分繁忙的，好在现如今发展迅速的网络教育打破了时间和空间的限制，可以通过观看一些在线视频课程进行学习，充分利用一些碎片化的时间不断充实自我。

（2）实践

古有《荀子·儒效》中写道："不闻不若闻之，闻之不若见之，见之不若知之，知之不若行之。学至于行止矣。"今有"实践是检验真理的唯一标准"。歌德曾经说过："经验是永久的老师。"小米科技创始人雷军曾创办三色公司，在经营半年后就破产解散，他从中得到了三点反思：一是要有明确的盈利模式；二是要有前瞻的市场意识；三是要有一定的团队管理能力。京东创始人刘强东在大学时曾做餐饮创业，却因疏于管理而创业失败，他由此认识到对员工一定要信任，但信任不等于没有管理。美团创始人王兴曾创办校园网而最终被迫出售，他才意识到创业要有清晰的盈利模式，团队必须分工明确，资本要尽早接触等。众多创业成功者的经历也在告诉我们，反复实践，积累经验，创业能力在不断失败中得到提升，才能为成功创业打下坚实的基础。

（3）交流

交流，指的是要多与有创业成功经历的人沟通交流。列夫·托尔斯泰有句名言："幸福的家庭都是相似的，不幸的家庭却各有各的不幸。"创业成功的案例千千万，虽然创业项目不同，但是创业者的能力一定存在着共同点，是有迹可循的。所以，通过与这些人的交流，学习他们的精神和能力，借鉴经验，吸取教训，站在前人的肩膀上，少走弯路、错路，将会增强创业成功的可能性。

（4）借力

借力，即借助他人的能力。处于创业中的我们，每个人的能力是有限的，也很难在短时间内迅速提升。这个时候，可以通过借助他人的能力，来达到迅速提升创业能力的目的。一方面，招贤纳士，知人善任，组建一支优势互补的创业团队，以满足初创的要求。团队组建之后，应当注重团队建设，增强团队凝聚力，实现"1+1＞2"的效果。另一方面，则是企业合作，是指不同的企业之间通过协议或其他联合方式共同开发产品或市场，共享利益，以获取整体优势的经营活动。一个创业团队能够涵盖的业务往往也是有限的，因此可以通过与其他企业合作，取长补短，从而提升整个团队的创业能力。

（七）课堂活动

1.画出理想中的创业蓝图

活动目的： 认识到创业过程中会遇到许多新问题、新情况，需要创业者不断提升创业能力，以应万变。

活动组织：

（1）五分钟内，每个同学在白纸上画出自己理想中的创业蓝图。

（2）活动进行到一分半钟的时候，要求同学们左右交换白纸，继续画创业蓝图。

（3）活动进行到两分半钟的时候，要求同学们前后交换白纸，继续画创业蓝图。

（4）活动进行到三分半钟的时候，要求同学们左右交换白纸，继续画创业蓝图。

（5）活动进行到四分半钟的时候，要求同学们将白纸还回到本人，由本人继续画创业蓝图。

总结提升： 讨论活动感受。

（1）是否满意最终呈现的创业蓝图？

（2）满意的是什么？不满意的又是什么？

（3）如何能够使得创业蓝图按照自己的想法去呈现？

（4）从中获得的启示。

2.列举自己的创业能力的长短板，思考解决的办法

（八）拓展阅读

香港首富李嘉诚的创业故事

李嘉诚，长江和记实业有限公司及长江实业集团有限公司资深顾问，连续21年蝉联香港首富，1999年始连续15年蝉联华人首富。2020年《福布斯》发布香港富豪榜显示，李嘉诚位居第二，身价294亿美元。

1928年7月29日，李嘉诚出生于广东潮州潮安县。1939年6月，日本帝国主义的铁蹄开始踩蹦潮州这片净土。随后，李嘉诚与家人辗转至香港，寄居在其舅舅庄静庵家里。1943年冬天，父亲李云经病逝，为了养活母亲和三个弟妹，14岁的李嘉诚被迫辍学走上社会谋生。李嘉诚先在舅父庄静庵的中南钟表公司当泡茶扫地的小学徒。李嘉诚到这里之后，学到的第一个功夫就是察言观色，见机行事，他总是尽自己最大的努力来满足顾客的需求。即便是在这样艰难的日子里，他依然没有忘记读书学习。没有钱，他于是就去旧书店里买些旧书，看完了又卖回给旧书店，然后再买新的旧书看，这样既能省钱又可以学到更多的知识。

1945年，年仅17岁的李嘉诚开始在一家五金制造厂和塑胶带制造公司当推销员。这份工作看起来容易，但实际上并不好做，因为这要求人必须在很短的时间内就获得别人的信任和认可，实在是很难的一件事。李嘉诚最初做推销工作的时候，很容易紧张，于是就把自己应该说的话在心里背上很多遍。渐渐地，他开始熟悉了这一工作。早年间当学徒时练就的观察能力也让他意识到自己在这方面有不小的潜力。李嘉诚认为，在做推销工作的时候，首先自己要信心满满，然后最大限度地熟悉自己推销的商品，接着要在最短时间内让顾客觉得你的产品物美价廉。就这样，李嘉诚凭借自己的能力，开始揣摩客户的心理和想法，而且随着约见的客户越来越多，他越来越能轻松知晓对方的意图，从而把货物很好地推销出去。就这样，李嘉诚通过自己的努力，很快在公司中脱颖而出。但他并不骄傲，别人付出一倍的努力，他就付出两倍甚至更多，而且他也认识到创新的重要性。很快，才18岁的他便成了公司的部门经理。

1950年冬天，李嘉诚用自己多年的积蓄和向亲友筹借的5万港元创办了"长江塑胶厂"，专门生产塑胶玩具和简单日用品。在创业最初的一段时期，李嘉诚凭着自己的商业头脑和经验，发了几笔小财。几次小小的成功，使得年轻且经验不足的李嘉诚过于自信了。他急切地去扩大他那资金不足、设备简陋的塑胶企业，于是资金开始周转不灵，工厂亏损愈来愈大。过快的扩张使得承接的订单越来越多，再加上设备简陋和人手不足，极大地影响了塑胶产品的质量，而迫在眉睫的交货期也使重视质量的李嘉诚再也无暇顾及愈来愈严重的质量下降现象。终于，仓库里开始堆满了因质量问题和交货延误而退回来的产品，塑胶原料商开始上门催缴原料费，客户也纷纷上门以各种借口要求索赔……这一切几乎将李嘉诚置于濒临破产的境地。

然而，这些都没有将李嘉诚击倒，他一边应付不断上门催还贷款的银行职员，一边协调不断上门要求索赔的客户，此外他还要保证为工人及时发放工资。前景堪忧的情况下，沉着冷静使得李嘉诚渐渐地渡过了这道难关。经过这样的磨难后，他开始冷静地分析国际经济形势的变化和市场的走向。1957年，李嘉诚阅读新一期的英文版《塑胶》杂志，无意中看到一则消息：意大利一家公司利用塑胶原料制造塑胶花，正全面倾销欧美市场。这则消息使李嘉诚意识到：塑胶花也会在香港流行。李嘉诚觉得塑胶玩具在国际市场上似乎已经没有足够的生存能力了，于是，通过仔细的思索，他想到和平时期过着幸福生活的人们，物质生活有了一定保障之后，必定要在精神生活上提出更高的要求，而养花草便是精神消费品的重要项目之一。可真花草不但要每天浇水、除草，而且花期还很短，人们会觉得太麻烦而不愿去养。所以，如果能够生产大量的塑料花，则既可以达到价廉物美的目的，又能很好地满足人们的需要。于是李嘉诚到意大利考察，回港后率先推出塑胶花，随即成为热销产品，长江塑胶厂由默默无闻的小厂一下子蜚声香港塑胶业界。

（九）实践练习

1. 观看创业主题影视剧《在路上》，总结提升创业能力的必要性和重要性。

2. 访谈一位身边的创业者，了解其创业过程中遇到的困难，以及其创业具备的能力，分析出该创业者存在的能力短板，提出相应的提升方法。

十、打造团队文化

（一）学习目标

1. 学习目标：了解创业团队的内涵、价值、构成要素及团队文化建设的意义
2. 能力目标：掌握团队文化建设的方法
3. 素养目标：提升团队文化建设意识，形成创业团队文化

（二）学习任务

1. 参与课堂讨论和案例分析
2. 通过实践锻炼，提高团队合作意识

（三）学习导读

1. 吉尔特·霍夫斯塔德（Geert Hofstede）：《文化与主题：思想的远见》
2. 纪录片：《公司的力量》

（四）名言警句

上下同欲者胜。

——孙武（中国春秋时期军事家）

共同的事业，共同的斗争，可以使人们产生忍受一切的力量。

——奥斯特洛夫斯基（无产阶级作家）

30% 的人永远不可能相信你。不要让你的同事为你干活，而要让我们的同事为我们的目标干活，共同努力，团结在一个共同的目标下面，就要比团结在你一个企业家底下容易得多。所以首先要说服大家认同共同的理想，而不是让大家来为你干活。

——马云（阿里巴巴集团创始人）

人们在一起可以做出单独一个人所不能做出的事业；智慧＋双手＋力量结合在一起，几乎是万能的。

——威廉·韦伯斯特（联邦调查局局长）

人们塑造组织，而组织成型后就换为组织塑造我们了。

——温斯顿·丘吉尔（英国政治家）

（五）情景案例

"三剑客"创业：成也友谊，败也友谊

大学毕业的第二年，老爸问我有什么打算，我说我想尝试做做生意。老爸非常支持，说如果有需要，他可以先借钱给我。不过老爸最后对我说了一句话："做老板容易，不过，做好老板就不容易了呀。你要记住这一点。"我当时听了微微一笑，没怎么放在心上。恰巧，大学时两个玩得挺好的同学阿波、黑子，他们和我一样，也有自己创业的打算，家里也有条件拿出笔钱来。于是，我们三个人聚在一块商讨经营方向的问题，在考虑了这个城市的各种行业的发展前景及周边环境之后，我们最终决定经营一家卡拉 OK 厅。

1. 创业开始——"三剑客"卡拉 OK 厅开业

大方向确定了，接下来就是找一块风水宝地了。说实话，市区热闹的场所早就被别人看中了，况且那里的租金也不是我们所能够接受的，于是我们将目光放到了市郊。虽然家里人都反对去市郊，但是我们成竹在胸，因为我们对那块地方充满了信心。那里附近有两所大专学校，而周围一家卡拉 OK 厅都没有，门面租金便宜，且政府已将那里作为下半年的开发区。天时、地利、人和，还有什么理由不选这块地方呢？为防有变，我们三个人马上各自向家里借了 2 万块钱，开始必要的准备工作。我负责进行店内的装修工作，阿波负责购买音响及茶水料等，黑子负责"搞定"营业执照及相关的税务等工作。三个人干劲十足地忙活了半个月，卡拉 OK 厅的雏形终于呈现在我们面前了。因为这个卡拉 OK 厅是我们三人合伙开的，所以最后我们决定将它取名为"三剑客"。

2. 创业中期——"三剑客"火爆异常

因为我们将消费群体主要定位在那两所大专学校的学生，所以在接下来的半个月中，我们在他们学校门口进行广告宣传，并且还聘用了两名来自这两个学校的女大学生在店内做工。为了吸引顾客，我们决定，在开张当天唱歌免费，酒水饮料一律七折。本来，我们的宣传就已经很到位了，加之又是节日，所以那一天来的人多得超出了我们的想象，差不多有100多人，大部分都是学生。楼下的大厅挤满了人，楼上的六个包厢也都爆满了。到了深夜1点，顾客全都散去，我们三个人站在门外，每个人的脸上都兴奋地泛起了红晕，因为即使唱歌免费，那一天所挣的酒水饮料钱也有1000多元。望着"三剑客"的招牌，我们三个人的眼里似乎都看到了未来的自己——少年得志的自己。当时三个人谁都没有想到"三剑客"最后会以失败解体而告终。

最初的三个月，我们的生意十分红火，每天晚上都爆满。这三个月我们净赚了两万多元。大家将这笔钱存进了一个共用的存折里，因为我们当时都认为，这些钱是属于三个人共有的，谁也不知道这为后来的矛盾激化埋下了导火线。

3. 创业后期——分配不均，"三剑客"终解体

2001年的一月份，黑子突然提出要扩大经营范围，要在大厅内同时经营饮食业，以此增加收入。这一计划遭到阿波和我的反对，因为饮食业对卫生设施要求高，同时也会对在一楼大厅内唱歌的顾客产生影响。可是黑子执意要做，他说要是我俩不同意的话，他就独自去别的地方做。我和阿波权衡再三，还是没有同意。黑子知道后，提出了要分钱，我们答应了，可在谁得多谁得少的问题上又产生了分歧。三个人都认为自己的工作做得最多，应该得大股，结果那一天没有达成一致，大家不欢而散。谁知到了第二天，黑子没来。我们去银行取钱发现存折里的两万元钱只剩下一万了，很明显，是黑子暗地里取走了那一万。我和阿波气得直跺脚，却也无可奈何。

俗话说，"祸不单行"。可能是我们的生意太红火了，紧接着，我们店的旁边就新开了两家卡拉OK厅，他们的环境设计得比我们的更富有格调，而且有一家还有专门的调酒师。这样一来，我们的生意明显比原来差了许多，黑子渐渐地也不来店里帮忙了，后来我们才知道，有调酒师的那家店就是他老爸的朋友开的。

到了四月份，受"非典"的影响，我们根本就没有生意了。我和阿波商量了一下，在电话里也得到了"黑子"的同意，决定盘掉门面，就此结束我们的生意。一个月后，大家再次聚到了一起，将各种结余清算了一下之后，大家各自拿着自己的钱分手了。说实话，除去本钱，每个人还是挣了点钱，只不过大家心里都清楚，那份最初可以相互信任的友情已经不复存在了。

第一次的创业给我留下了很深的印象，也给了我很好的教训：首先，我们不应该将友情融入生意中。当初开张的时候就应该订立一份协议，规定三个人在收入中各自所占的比例。其次，我们缺乏商战中的气魄和经验，没能根据局面审时度势。因为后来我们得知，"非典"过后，旁边的两家卡拉OK厅重新开张，生意比原来还好，而我们却缺乏信心退出了。看来，正如老爸所说的："做老板容易，做好老板就不容易了。"

（资料来源：http://www.doin.com/p-287629057.html）

（六）知识要点

1. 创业团队的内涵

美国考夫曼基金会创业领导中心创始人考夫曼（Kauffman）认为，伟大的创业要具备三大原则：像你希望别人对待你一样对待别人；与人分享共同创造的财富；回报社会。可以看出，这三大原则关注的核心是卓有成效的创业团队。

新创企业既可能是一个只为某个创始人或其亲友提供就业机会的公司，也可能是一个具有较高发展潜力的公司，两者之间的主要区别就在于是否拥有一支高效能的创业团队。有高效能的创业团队，就可以实现新创企业人力资源的最大化。

（1）群体与团队的含义

群体是指两个以上相互作用又相互依赖的个体，为了实现某些特定目标而结合在一起。群体成员共享信息，做出决策，帮助每个成员更好地担负起自己的责任。团队是群体的特殊形态，是为了实现某一目标而由相互协作依赖并共同承担责任的个体所组成的正式群体。二者的根本区别在于团队成员的作用是互补的，因为团队是由两个或两个以上拥有不同技能、知识和经验的人组成的，而群体成员之间的工作很大程度上是互换的。简单地说，在团队中离开谁都不行，在群体中离开谁都行。

（2）群体与团队的差异

①领导方面。群体应该有明确的领导人，而团队可能就不一样，尤其是团队发展到成熟阶段，其成员是共享决策权的。

②目标方面。群体的目标必须跟组织保持一致，而团队除了这点之外，还可以产生自己的目标。

③协作方面。协作性是群体和团队最根本的差异。群体的协作性可能是中等程度的，有时成员还有些消极，有些对立，但团队中是一种齐心协力的气氛。

④责任方面。群体的领导者要负很大责任，而团队中除了领导者要负责之外，团队的每一个成员也要负责。

⑤技能方面。群体成员的技能可能是不同的，也可能是相同的，而团队成员的技能是相互补充的，不同知识、技能和经验的人综合在一起，形成角色互补，从而达到整个团队的有效组合。

⑥结果方面。群体的绩效是每一个个体的绩效相加之和，而团队的绩效是由大家共同合作完成的结果。

2. 创业团队的构成要素

创业团队需要具备五个重要的团队组成要素，即 5P。

（1）创业目标（Purpose）

创业团队有一个明确的目标，目标引导团队成员的思想和行为。没有目标，团队就没有存在的价值。

（2）创业人员（People）

人是构成创业团队最核心的力量，三个或者三个以上的人就可以构成团队。目标是通过人员具体实现的，所以人员的选择是创业团队中非常重要的一个部分。在一个团队中可能需要有人出主意，有人定计划，有人实施，有人组织协调，还有人监督团队工作的进展，评价团队最终的贡献。不同的人通过分工来共同完成团队的目标，因此在人员选择方面要考虑到人员的知识、能力和经验，考虑技能是否可以互补。应充分调动创业者的各种资源和能力，将人力资源进一步转化为人力资本。

（3）创业团队的定位（Place）

创业团队的定位包含两层意思：一是创业团队的定位，确定团队在企业中处于什么位置，由谁选择和决定团队的成员，团队最终应对谁负责，创业团队采取什么方式激励下属；二是个体（创业者）的定位，对团队成员进行明确分工，确定成员在创业团队中扮演什么角色，是制订计划，还是具体实施或评估。

（4）权力（Power）

在创业团队当中，领导人的权力大小与创业团队的发展阶段相关，与创业实体所在的行业相关。一般来说，在创业团队发展的初期，领导权相对比较集中；团队越成熟，领导者拥有的权力相应越小。

（5）创业计划（Plan）

计划是对达到目标所做出的安排，是未来行动的方案。可以把计划理解成目标实施的具体工作程序。一般来说，创业团队的构成要素之间相互影响、相互作用，缺一不可。

3. 创业团队的价值

创业团队共同创业有利于分散创业失败的风险；通过团队成员之间的技能互补可提高驾驭环境不确定性的能力，也能降低创业经营失败的风险；重要的是能有效地整合资源，利于创业的成功。现代不再是追求个人英雄主义的时代了，创业成功与否与是否发挥团队的作用密切相关。

（1）团队能提高机会识别、开发和利用的能力

团队成员不同的知识、性格、经验和技能的组合，可以使团队对创业机会进行更科学、理性地评价，对机会开发方案进行更准确、全面的选择，以避免决策失误。同时，团队成员有着更广泛的人脉，可以有效地获得开发机会所需要的资源，增加机会开发成功的可能性。

（2）团队能提高初创企业的运营能力，发挥协同效应

互补的技能和经验组织到一起，超过了团队中任何个人的技能和经验。这种技能和经验在更大范围内的组合使团队能应付多方面的挑战，比如创新、质量和客户服务，并形成一种协同工作的整体优势。

（3）团队能为加强组织发展和管理工作提供独特的社会角度

团队中的成员通过共同努力克服各种障碍，有利于成员之间建立起信任和信心，产生并增强共同追求高于个人之上的团队业绩的愿望。工作的意义和成员的努力可以使团队的价值不断深化，团队的业绩最终成为对团队自身的激励。

（4）团队有利于营造更轻松愉快的心理环境

团队的良好氛围与团队的总体业绩是相辅相成的，它能使团队成员愿意为了实现团队的目标而一起工作，并且为了团队的业绩成果而相互充分信任。这种令人满意的心理环境支持创造了团队的业绩，也因团队的优异业绩而得以延续。

没有团队的创业也许并不一定会失败，但要建立一个没有团队仍具有高成长性的企

业是十分困难的。一般而言，个人创业型的新企业成长较慢，因为风险投资者很看重团队因素的作用，而不愿意考虑投资这种个人创业型企业。

4. 团队文化建设的意义

当前很多企业已经开始重视企业文化建设。企业文化建设可以使企业员工形成共同的价值观，帮助企业增强员工凝聚力，在企业的发展过程中起着重要的作用。

企业文化需要很长时间才能形成，一旦形成就趋向于稳定不变。而一个强的企业文化，由于得到员工们的普遍认同，要改变它更是困难，因此，在企业的起步阶段，创业者应该意识到，这是企业文化建设的最好时机。因为企业年轻，规模较小，企业文化尚处于雏形阶段。企业成立的时间越短，企业文化越不稳固。此外，在创业初期，创业者也更容易与员工沟通以建立新的价值观念。越是强势的文化，渗透得就越广，企业成员对其认同率就越高，企业文化就越难改变。在企业创立初期进行企业文化建设有着特殊的意义，可以起到事半功倍的效果。

5. 团队文化建设的方法

创业者在企业文化的形成过程中负有不可推卸的责任，应有意识地去引导良好的企业文化的形成：

（1）分享企业愿景，倡导创业精神，以良好的企业精神来激励员工。

（2）确定企业长远目标，使员工围绕目标开展工作。

（3）建立一整套规章制度，规范员工的行为。

（4）处理事情客观公正，使企业内部形成民主的气氛。

（5）关心和体贴下属，使员工团结一致，产生向心力。

（6）以身作则，在企业中树立榜样，以榜样的力量感召员工。

（7）运用宣传灌输、自我教育、寓教于乐等多种方式方法来引导成员树立新的价值观念。

（七）课堂活动

南辕北辙

1. 道具： 每个队员一个眼罩。

2. 目的：

（1）建立小组成员间的相互信任。

（2）培养团队精神。

3. 步骤：

（1）让大家互相结为搭档。

（2）每组搭档发一个眼罩。

（3）把大家带到场地的一端，在场地另一端选一个物体作为目标。

（4）每组搭档中一人蒙上眼罩，另一人跟在身后，防止他绊倒或撞上障碍物。但是他不能给蒙上眼罩的搭档指路或做任何暗示告诉他该向哪里走。当蒙上眼罩的搭档觉得已走到目标附近时，两个人都停下，取下眼罩，看距离最终目标到底有多远。

（5）给每组搭档再发一个眼罩。让他们仔细观看前方的目标后，都蒙上眼罩，挽着胳膊或携手一起走向目标。当两人都感觉已走到目标附近时，一起停下，取下眼罩，看距离最终目标到底有多远。

（6）所有队员联合起来尝试一次。让大家仔细观看目标所在地之后，都蒙上眼罩携同向目标进发，队员们感觉到达目标后全部停下，每人都指向自认为目标所在的方向。同时，用另一只手拿下眼罩，看距离最终目标到底有多远。

4. 启示：这个游戏叫南辕北辙，是因为放在极地的指南针可以指向很多方位作为南方。游戏中，虽然每个人对目标在哪儿都有自己的想法，但是团队作为一个整体比前面的单个人或一组搭档还是更能接近目标。

5. 讨论：为什么最终整个团队比单个人或一组搭档更靠近目标？

（八）拓展阅读

华为管理团队的智慧

马华为是中国最早将人才作为战略性资源的企业，其人力资源管理体系更是华为30多年来持续发展的动力和关键。华为总裁任正非用"狼狈组织""少将连长"等词汇诠释华为在员工激励、组织建设、干部管理等方面的管理智慧，道出了华为人力资源管理的核心。

1. 给火车头加满油

"给火车头加满油"意喻：要按价值贡献，拉升人才之间的差距，让列车做功更多、跑得更快。不能按管辖面来评价人才的待遇体系，一定要按贡献和责任结果，以及他们在此基础上的奋斗精神。这充分体现了华为公司的价值评价和价值分配的导向，向优秀的奋斗者倾斜，给火车头加满油，让千里马跑起来，让奋斗者分享胜利的果实，让惰怠者感受到末位淘汰的压力。

任正非说："有成效的奋斗者是公司事业的中坚，是我们前进路上的火车头、千里马。我们要让火车头、千里马跑起来，促进对后面队伍的影响；我们要使公司15万优秀员工组成的队伍生机勃勃，英姿风发，你追我赶。"

2. 狼狈组织

任正非在华为市场部的一次讲话中提道："我们提出'狼狈组织计划'，是针对办事处的组织建设的，是从狼与狈的生理行为归纳出来的。狼有敏锐的嗅觉、团队合作的精神，以及不屈不挠的坚持。而狈非常聪明，因为个子小，前腿短，在进攻时不能独立作战，因而它跳跃时是抱紧狼的后部，一起跳跃的，就像舵一样地操控狼的进攻方向。狈很聪明，很有策划能力，以及很细心，它就是市场的后方平台，帮助做标书、网规、行政服务……"

"狼与狈是对立统一的案例，单提'狼文化'，也许会曲解了狼狈的合作精神。而且不要一提这种合作精神，就理解为加班加点，拼大力，出苦命。那样太笨，不聪明，怎么可以与狼狈相比。"

3. 猛将必起于卒伍，宰相必发于州郡

韩非《显学篇》说道："明主之吏，猛将必发于卒伍，宰相必起于州郡。夫有功者必赏，则爵禄厚而愈劝；迁官袭级，则官职大而愈治。"意思是，战勇猛的将领都是从士卒提拔上来的，贤臣良相也都是从地方官提升起来的。因为这些人来自基层，大概更了解战场的形势和百姓的疾苦，也就能够更好地制定方针政策。

在华为某年的新年献词中，任正非指出："要从各级组织中选拔一些敢于坚持原则、善于坚持原则的员工，在行使弹劾、否决权中，有成功经验的员工，通过后备队的培养、筛选，走上各级管理岗位。""现代化作战要训战结合，干部要以基层实践经验为任职资格，'宰相必起于州郡，猛将必发于卒伍'。"

4. 田忌赛马

《田忌赛马》主要讲述了齐国的大将田忌与齐威王进行赛马，在马的整体足力并不占优势的情况下，由于调整部署而反败为胜的故事。

任正非在一次讲话中指出："我们在科学家人才领域不搞田忌赛马，华为要靠自己的整体优势取胜，而非像田忌赛马那样整体实力不足，仅靠调整部署取得一两次胜利，华为必须持续取胜。因此，华为要加大前瞻性、战略性投入，要容得下世界级人才，建立起全面超越的专家队伍；把握先机，在理论构建能力、科学家数量、产品质量等诸方面超过业界。只有这样，华为才能避免衰落，不断发展壮大，持续地活下去并且还能活得很好。"

5. 歪瓜裂枣

歪瓜是指长得不圆的西瓜，裂枣是指表面平滑但有裂痕的大枣，但实际上歪瓜裂枣虽外表丑陋，但它们反而比正常的西瓜和枣甜。

任正非把华为公司里一些"歪才""怪才"比喻成"歪瓜裂枣"，即那些绩效不错，但在某些方面不遵从公司规章的人，尤其是一些技术专家，都有着特别的个性和习惯。

任正非说："公司要宽容'歪瓜裂枣'的奇思异想，以前一说歪瓜裂枣，就把'裂'写成劣等的'劣'。你们搞错了，枣是裂的最甜，瓜是歪的最甜，他们虽然不被大家看好，但我们从战略眼光上看好这些人。今天我们重新看王国维、李鸿章，实际上他们就是历史中的歪瓜裂枣。我们要理解这些"歪瓜裂枣"，并支持他们，他们可能超前了时代，令人不可理解。你怎么知道他们就不是这个时代的梵高，这个时代的贝多芬，未来的谷歌？"

如何合理地评价这些人，让这些"歪瓜裂枣"真正发挥自己的价值并获得与其贡献相符合的回报？华为《管理优化》中提出："作为管理者，要在公司价值观和导向的指引下，基于政策和制度实事求是地去评价一个人，而不能僵化地去执行公司的规章制度。在价值分配方面要敢于为有缺点的奋斗者说话，要抓住贡献这个主要矛盾，不求全责备。"

6. 少将连长

在任正非近年的不少讲话中，多次提到"少将连长"这个词，他说："少将有两种，一是少将同志当了连长，二是连长配了个少将衔。"

根据《华为人报》作者工乙的分析，华为出现"少将连长"可能至少有两个途径：第一，是高级干部下到基层一线，当基层主管，带小团队冲锋陷阵，充当尖兵；或者如同重装旅，作为资源池，到一线协调指挥重大项目、建立高层客户关系、建设商业生态环境，充分发挥老干部的优势。第二，"连长配了个少将衔"，就是提高一线人员的级别，一线基层主管、骨干因为优秀而被破格提拔，职级、待遇等等达到了很高的水准，这样，就会引导优秀人才到一线、长期奋斗在一线，逐渐筛选出优质资源直接服务客户，从而创造更大的价值。

7. 二两大烟土

"烟土"，指未经熬制的鸦片。早年的电影中经常有这样的场景：国民党军队在冲锋的时候，只要长官一喊：冲上去给二两大烟土，当兵的立时就跟打了鸡血一样斗志昂扬。如果喊给三两大烟土，那是连命都不要了。

任正非在2014年人力资源工作汇报会上的讲话中提到：跑到最前面的人，就要给他"二两大烟土"。意思是公司里绩效好、表现突出的员工，都应获得良好、及时的回报（物质和非物质激励）。

8. "之"字形成长

"之"字从象形上看，是折线式的，联想到员工的个人成长和华为的实际情况就是，一个员工如果在研发、财经、人力资源等部门做过管理，又在市场一线、代表处做过项目，有着较为丰富的工作经历，那么他在遇到问题时，就会更多从全局考量，能端到端、全流程地考虑问题。而如果他一直在某个体系里直上直下、从一条线上成长起来，那思维难免会有局限性，遇到问题也很容易出现本位主义思想，考虑问题也很可能会片面。所以，华为一直鼓励干部流动，形成一个有力的作战群。

任正非说，干部和人才不流动就会出现板结，会让机关和现场脱节，如果形成阶级，华为迟早会分裂。所以他一直强调干部和人才的流动，并要求片联不拘一格地从有成功实践经验的人中选拔优秀专家及干部；推动优秀的、有视野的、意志坚强的、品格好的干部走向"之"字形成长的道路，培养大量的将帅团队。

9. 重装旅与陆战队

海军陆战队规模小、装备轻、具有综合作战能力、爆发力强，是华为设置在一线的作战单元；重装旅是指专业化的队伍，给陆战队提供资源和炮火。华为在地区部设置重装旅，代表处和系统部则是陆战队。

任正非说："我们借用'重装旅'的概念来描述地区部与代表处的关系。例如，海军陆战队在沙滩撕开一个口子，但它在纵深上是展不开的，因为它没有这么多能力，但它不撕开一个口子，重装部队是登陆不上去的。没有重装部队的投入，阵地是守不住，也扩展不了的。"

"地区部重装旅的建设，是重视各种平台的建设，共享中心的建设，经验的总结，人员的培训。同时，根据代表处组织配置中缺少的能力，在地区部补上。不管是解决方案、服务、投标……，各种业务要集中一批尖子，随时像蜂群一样，一窝蜂地对重要项目实施支持。这些尖子可以是物理式的集中，也可以是逻辑上的集中。他们要定期人员流动，实行纵向循环、横向循环，以促使各方面作战能力的提升。"

10. 从零起飞奖

2013 年市场大会"优秀小国表彰会"上，任正非给徐文伟、张平安、陈军、余承东、万飚颁发了一项特殊的表彰——"从零起飞奖"。这些获奖的人员 2012 年年终奖金为"零"。

2012 年，他们的团队经历奋勇拼搏，虽然取得重大突破，但结果并不如人意。于是，这些团队的负责人在这里践行当初"不达底线目标，团队负责人零奖金"的承诺。

任正非在为他们颁发"从零起飞奖"后发表讲话，他说："我很兴奋给他们颁发了从零起飞奖，因为他们 5 个人都是在做出重大贡献后自愿放弃年终奖的，他们的这种行为就是英雄行为。他们的英雄行为和我们刚才获奖的那些人，再加上公司全体员工的努力，我们除了胜利还有什么路可走？"

11. 板凳要坐十年冷

这句话出自南京大学一位教授的对联："板凳要坐十年冷，文章不写半句空。"意思是要专心致志做学问，不慕荣誉，不去追求名利，甘于寂寞，只要坚持自己的学术方向，不怕别人不重视。

任正非说："在冷板凳上坐的都是一代英豪。科学是老老实实的学问，要有思想上艰苦奋斗的工作作风，要有坚定不移的精益工作目标，要有跟随社会进步与市场需求的灵活机动的战略战术。做实不是没有目标、没有跟踪、没有创新的，但没有做实就什么也没有。点滴奋斗与持之以恒的努力，踏踏实实地在本职岗位上不断地进取，太阳已经在地平线下升起。当然，也希望公司能尽早识别出那些在板凳上坐了多年，有奋斗精神、有贡献、有热情的默默无闻的优秀员工，不要让雷锋们等得太久。"

12. 喜马拉雅山的水为什么不能流入亚马逊河

任正非用喜玛拉雅山的水流入亚马逊河比喻在零距离的互联网时代，干部是可以流动的，一个地区成功了，抽调干部去另一个地区支持那里的战斗，让成功经验在全球范围内高效复制和推广。华为公司知识管理负责人谭新德提出："华为公司最大的浪费就是经验和人才的浪费。如果能让公司辛苦培养起来的干部流动起来，把好的经验传递下去，公司无论管理还是经营上都会有一个很大的提升。"

13. 班长的战争

这源自美国军队的现代作战方法，战争的主角并不是过去的师团，靠名将，而是连排，甚至班一级的小分队。他们深入敌后，携带卫星定位仪器和激光指示器，随时可以根据下载的卫星画面寻找敌人踪迹，甚至可以通过卫星呼唤战机、导弹来进行轰炸，而班长作为一线现场作战指挥，有专业技术的要求，同时也有灵机决断的指挥能力要求。

《华为人报》工乙提出：华为强调"让听得见炮声的人来呼唤炮火"，就是要求"班长"在最前线发挥主导作用，让最清楚市场形势的人指挥，提高反应速度，抓住机会，取得成果。它要求上级对战略方向正确把握，平台部门对一线组织有效支持，班长们具有调度资源、及时决策的授权。其基础是组织和层级简洁而少（比如3层以内），决策方式扁平、运营高效。

当然，战争的主角——优秀的"班长"和专家的选用育留及自身的主动成长，也非常关键，"班长"们同样要是精英中的精英。

14. 赛马

赛马是一种比赛骑马速度的竞速运动项目，在对抗中分出孰优孰劣，是历史最悠久的运动之一。

华为的文化是一个赛马文化，在地区部专业业务骨干的选拔上，给"小马"一些机会。在华为，团队和项目之间的比拼，也被形象地比喻成赛马。以团队和项目组为单位赛马，争当先进。任正非曾强调，在地区部专业业务骨干、代表处的维护专家队伍的选拔上，可以通过赛马来产生。

15. 结网原理

要是只有一把丝线，是不能把鱼给抓住的，一定要将这丝线结成网，这种网有一个个的网点。人生就是通过不断地总结，形成一个一个的网点，进而结成一个大网。如果不善于归纳总结，就会像猴子掰玉米一样，掰一个，丢一个，你最终将没有一点收获。就像吃了东西，不吸收是没有效果的。

任正非说："每个人要想进步，就要善于不断归纳总结。如果没有平时的归纳总结，结成这种思维的网，那就无法解决随时出现的问题。不归纳，就不能前进，不前进就不能上台阶。人是一小步一小步前进的，过几年当你回首总结时，你就会发现你前进了一大步。在善于归纳总结时，也要重视向别人学习，取长补短。别人对你提意见，批评你的缺点那是在帮助你，你拒绝别人的批评，就等于是放弃别人的帮助，那岂不是太吃亏？"

（九）实践练习

《水浒传》《三国演义》《西游记》等古典名著都详细刻画了"创业团队"，请选择其中的几个团队，从团队组建、角色扮演、冲突解决、团队演化等多个方面，认真剖析比较，总结团队运营所涉及的关键要素和一般规律。

十一、注重实践行动

（一）学习目标

1. 知识目标：了解创业开展实践的重要性
2. 技能目标：提高创业行动力，提升创业实践能力
3. 素养目标：能将创新创业意识转化为创业实践

（二）学习任务

1. 全面了解电商创业平台
2. 重点选择开设一个实战平台
3. 完成课后练习

（三）学习导读

1. 腾讯课堂：《电商创业实战课》
2. 《电商创业：创业思维＋实战方法＋案例解析》
3. 《发现你的行动力》（英）理查德·怀斯曼（Richard Wiseman）著

（四）名言警句

一个真正的企业家，不能只靠胆大妄为、东奔西撞，也不可能是在学院的课堂里说教出来的。他必须在市场经济的大潮中摸爬滚打，在风雨的锤炼中长大。

——王均瑶（均瑶乳品创始人）

这个世界并不在乎你的自尊，只在乎你做出来的成绩，然后再去强调你的感受。

——比尔·盖茨（微软公司创始人）

创业的过程，实际上就是保持恒心和毅力、坚持不懈的发展过程，这其中并没有什么秘密，要真正做到中国古老的格言所说的勤和俭也不太容易。

——李嘉诚（长江集团创办人）

不能等别人为你铺好路，而是自己去走，去出错，而后，创造一条自己的路。

——罗伯特·凯利（美国创作歌手）

一步实际行动比一打纲领更重要。

——卡尔·马克思（德国思想家、政治学家）

等待的方法有两种：一种是什么事也不做空等，一种是一边等一边把事业向前推。

——屠格涅夫（俄国批判现实主义作家）

登高莫问顶，途中耳目新。

——潘刚（伊利实业集团公司董事长）

企业发展就是要发展一批狼。狼有三大特性：一是敏锐的嗅觉；二是不屈不挠、奋不顾身的进攻精神；三是群体奋斗的意识。

——任正非（华为创始人）

得之在俄顷，积之在平日。

——袁守定（清代诗人）

（五）情景案例

金津的创业路

一位年仅 23 岁的应届大学毕业生，圆脸、一身休闲西服，笑起来脸上带着一丝稚气，迎面走来的金津更像是一位可爱、朴实的大学生。作为渡口网络科技有限公司的总裁，金津在浙江理工大学上大一时，便开始"牛刀小试"，从 5000 元起步，盈利 100 万元，赚到了他创业之途上的第一桶"金"。

金津并没有满足，他瞄准了朝阳产业，也是杭州正大力扶持的产业——动漫游戏。

经过两年的发展，他创办的渡口公司已拥有员工 300 余人，成为浙江省规模最大的网游企业。当国际知名的风险基金对渡口公司进行战略性风险投资时，公司的估值达到了 10 亿元。如今，他成功开发的大型纯 3D 网络游戏《天机》已在市场上获得收益，第二部网络游戏也即将面世。与此同时，一栋高达 30 多层的属于自己的网游大厦也在钱江南岸的江南大道上破土动工。

从在校大学生到企业总裁，为什么选择了杭州？

为什么要选择动漫游戏产业？为什么会选在杭州创业？"我们选择杭州搞动漫游戏，太对了。"尽管这几个问题金津已回答了许多次，但答案却始终没变过。其实，金津老家在绍兴，大学毕业后，将接手家中多项家族实业。他犀利的目光瞄准了网络游戏的第二个投资高潮，进入了他父辈不曾涉足的领域。在江南大道边上有一块留学创业园的广告牌，每次从绍兴到杭州，金津都要路过这里。"我哥在国外留学，看到广告牌后，我想帮他去了解一下情况。"热心地想帮哥哥找创业基地的金津却把自己领进了杭州创业的大门。

"杭州正在打造'动漫之都'，有着非常不错的创业环境和人才储备，而且给了年轻人许多创业的优惠政策。"金津至今记得当时筹建公司时，高新区直接给公司一整层楼的办公场地，而租金着实让他大吃一惊——免费。与此同时，高新区的领导还时常专程到渡口公司考察工作，了解公司入驻后的设施建设情况，以及公司正在研发的游戏，帮助公司解决在人才招聘、项目申报、政策扶持等方面的困难和问题。

"当然，也要感谢杭州为年轻人创业提供了偶像。"金津有些调皮地说。在他看来，杭州层出不穷的创业奇迹也激励着无数像他这样的年轻人。短短 2 年内，渡口公司不仅在杭州、上海等地设立总部和分部，而且在全国 11 个城市建立了办事处。来自全国各地的 300 多名年轻大学生和这位年轻的总裁一起，共同实现着他们的创业梦。

从传统家族产业到高科技产业，找到了自己的"渡口"

金津给公司起了个"渡口"的名字。从此岸到彼岸，从传统产业到 IT 业，"渡口"似乎有了双重含义。金津自己也说，"更想把它看作一个新的起点"。

相比其他高科技青年的"空手套白狼"，金津是"背着炸药包"进入这一行的。渡口公司的数千万投资不是来自风投，而是来自更有效、更直接的渠道——父母。凭什么让父母相信自己的选择？除了金津大一时，三个月内靠销售游戏虚拟装备用 5000 元赚100 万元的战绩，还有他对于自己家族企业的结构的思考。

父亲从事的产业主体是钢构、能源、房产等，属于传统行业。传统行业有自身的一些弱势，金津也目睹纺织行业一台机器由 70 万元贬值到 7 万元的过程。即便是从事房地产行业，可土地总有卖光的那一天。

"能源越来越少，节能减排的压力越来越大。"聊起生意，从小就在父亲身边耳濡目染的金津老练地和记者算起了账："5 个亿可以投资 10 个高科技公司，而对于房地产来说仅仅是个中等楼盘，但两者可以达到同等的效益。但 10 个高科技公司明显要比一个楼盘风险小，资金压力小，损耗的社会资源也少。你说哪个合算？"也许正是有了这样的忧患意识，金津选择游戏这个高科技行业才更显得理所当然。虽然高科技行业也存在风险，但无论就发展前景而言，还是就自己的兴趣而言，它都是一个比较具备优势的选择。

从顽皮的孩童到成功的创业者

杭州，造就了又一个创业传奇"等我们大学毕业了，一起创办网游公司。"高二那年，金津和几位同学在路上的约定，没想到在几年后真的成了现实。

上高中那年，正值杭州名校集团化的起步阶段，在"追求教育公平与保证教育质量"理念指导下的杭州学军中学，为这位闻着黄酒香味长大的男孩敞开了大门。

"高中生活是最值得回味的。高一最快乐，高三最辛苦。"金津坦言，他成绩并不好，从小喜欢打游戏，但高中的教育却深深地影响着他之后的创业。"那时候，最喜欢周二和周四，因为每周的这两个下午都有篮球赛。"金津说，杭州的高中教育很严格，但也很开放，当年养成的"玩要玩得痛快，学要学得认真"的理念一直到今天还在他身上表露无遗。"不得不说，是杭州成就了我的创业梦。"金津说，作为浙江人，作为一个在杭州本土教育培育下的年轻人，他对杭州有着非常深的感情，也更希望可以在自己的家乡做出一番事业。短短两年时间他由一名在校大学生成为全省最大网游公司总裁。

（六）知识要点

1. 创业行动的含义

创业行动就是去实现自己的意志，让意志成为自己想要的样子，这个意志当然指的是自己的世界，也就是我们认为的世界，我们可以改变自己客观世界的样子。

而改变自己的意义又是什么，我们做了一件事，完成了一段目标，当外界给予了我们心灵正向的反馈的时候，我们不会再去思考这个行动的意义，因为它已经达到了我们想要的目的，这个就是行动的意义，但更确切地说是行动的结果。

2. 创业实践的意义

创业是就业的另一种模式，所不同的是创业者不是被动地等待他人给自己"饭碗"（就业机会），而是主动地为自己或他人创造"饭碗"。目前，我们国家提倡和鼓励大学生自主创业，并为此出台了一系列包括工商、税务等方面的优惠政策。之所以提倡大学生创业，除了创业不失为缓解目前就业压力的一条解决途径外，更重要的是引导大学生要具有一种敢于开拓的创业精神。

大学生创业能实现就业渠道多元化，减轻就业压力。面对我国劳动力总量供大于求和就业压力巨大的现实，要实现充分、合理就业，降低失业率，除了继续保持较快的经济发展速度，提供更多的职业岗位，并大力发展职业教育与培训，向已有的职业岗位输送具有职业资格的劳动者外，还应大力提倡自主创业为社会创造更多的就业岗位。

大学生掌握了先进的科学技术，并具备较丰富的专业知识和较高的综合素质，实现成功创业的可能性最大。因此，自主创业应作为未来的就业途径之一，它将开辟新的就业渠道，在解决自身就业的同时也为社会创造了新的就业机会，有利于缓解国家的就业压力。

3. 创业实践的方法

● 善用资源整合技巧。创业总和创新、创造及创富联系在一起。一位创业者结合自身创业经历提出了这样的观点：缺少资金、设备、雇员等资源，实际上是一个巨大的优势。因为这会迫使创业者把有限的资源集中于销售，进而为企业带来现金。为了确保公司持续发展，创业者在每个阶段都要问自己，怎样才能用有限的资源获得更多的价值创造？

● 发挥资源杠杆效应。尽管存在资源约束，但创业者并不会被当前控制或支配的资源限制，成功的创业者善于利用关键资源的杠杆效应，利用他人或者别的企业的资源来完成自己创业的目的：用一种资源补足另一种资源，产生更高的复合价值；或者利用一种资源撬动和获得其他资源。其实，像腾讯、众创空间这种平台也不只是一味地积累资源，他们更擅长于资源互换，进行资源结构更新和调整，积累战略性资源，这是创业者需要学习的经验。

● 设置合理利益机制。资源通常与利益相关，创业者之所以能够从家庭成员那里获得支持，就是因为家庭成员之间不仅是利益相关者，更是利益整体。既然资源与利益相关，创业者在整合资源时，就一定要设计好有助于资源整合的利益机制，借助利益机制把包括潜在的和非直接的资源提供者整合起来，借力发展。因此，整合资源需要关注有利益关系的组织或个人，要尽可能多地找到利益相关者。同时，分析清楚这些组织或个体和自己及自己想做的事情有利益关系，利益关系越强、越直接，整合到资源的可能性就越大，这是资源整合的基本前提。

（七）课堂活动

1. **活动主题**：选取一个适合自己的电商平台入驻并进行实战
2. **活动目的**：了解目前适合大学生创业的电商平台有哪些
（1）国内电商平台：淘宝、天猫、京东、阿里巴巴、拼多多等。
（2）跨境电商平台：速卖通、Shopee、Lazada、eBay、Amazon 等。
3. **活动组织**：注册、选品、上架、店铺装修、日常推广、运营、数据分析

（八）拓展阅读

浅田一郎

故事发生在日本，一个23岁的小伙子赤手空拳和同伴们一起来到东京闯天下。到了东京后他们惊讶地发现：人们在水龙头上接凉水喝都必须付钱。同伴们失望地感叹道："天哪！这个鬼地方连喝冷水都要钱，简直没办法待下去了。"言罢都纷纷返回故乡了。

这个小伙子也看到了这幕情景，但他却想：这地方连冷水都能够卖钱，一定是挣钱的好地方嘛！于是他留在东京，开始了创业生涯。后来，他成为日本著名的水泥大王，他的名字叫浅田一郎。

浅田一郎的成功给我们的启发是深刻的：面对同样的情况，他与常人的看法和做法却大相径庭，他用积极的心态看到了隐藏的商机并因此而逐渐走向成功。所以，积极地面对生活，勇敢地迎接生活的挑战，才是明智之举，才具王者之风。相反，那些思想消极、意志薄弱的懦夫，就注定会一生平庸。

（九）实践练习

项目内容	思考和分析
我的创业平台	
实践遇到的困难	
克服困难的方法	

十二、筑牢创业信心

（一）学习目标

1.知识目标：认识创业过程中增强自信心的重要性
2.技能目标：学会如何保持创业信心，提升克服困难的能力
3.素养目标：创业实践中树立创业信心

（二）学习任务

1.掌握对待困难或处于困境中的应对方式
2.完成课后练习

（三）学习导读

1.《中国合伙人》
2.学习强国：如何重建信心

（四）名言警句

只有把抱怨环境的心情，化为上进的力量，才是成功的保证。

——罗曼·罗兰（法国作家）

我们必须有恒心，尤其要有自信！我们必须相信我们的天赋是要用来做某件事情的，无论代价多么大，这种事情必须做到。

——居里夫人（波兰科学家）

坚定的信心，能使平凡的人们，做出惊人的事业。对于凌驾命运之上的人来说，信心就是生命的主宰。

——海伦·凯勒（美国残疾人作家）

有信心的人，可以化渺小为伟大，化平庸为神奇。

——萧伯纳（爱尔兰剧作家）

人有了坚定的信念才是不可战胜的。

——贝蒂·弗里丹（女权运动家）

能够使我飘浮于人生的泥沼中而不致陷污的，是我的信心。

——但丁（意大利文艺复兴时期诗人）

（五）情景案例

扎克伯格的故事

众所周知，Facebook 是全球最大的社交网站。马克·扎克伯格作为美国社交网站 Facebook 的创办人自然成为人们关注的焦点。马克·扎克伯格是如何走上创业之路的呢？他又是如何把 Facebook 创办成全球最大的社交网站的呢？下面我们就一起了解一下马克·扎克伯格的创业故事吧！

12 岁那年，当其他小伙伴还沉浸在游戏当中时，马克·扎克伯格就已搭建了一个家庭网络；上高中时，当同学们都想着如何交女朋友时，扎克伯格却设计出了一款具有人工智能的音乐播放器；20 岁时，作为哈佛大学的一名学生，他创建了名为 The facebook.com 的网站，走上了创业之路。

2012 年，2 月 1 日，Facebook 正式向美国证券交易委员会 (SEC) 提出首次公开发行 (IPO) 申请；2012 年 5 月 18 日，全球最大社交网站 Facebook 正式上市。Facebook 将其 IPO 的售股规模上调至大约 4.21 亿股。按照每股 38 美元计算，Facebook 将超过谷歌，成为硅谷有史以来规模最大 IPO。持有公司 28.4% 股份的创始人扎克伯格，身家将达到近 300 亿美元，马克·扎克伯格成为新一代的科技创始人之一。如今的 Facebook 已经成长为拥有超过 10 多亿注册用户的社交网络。

1. 成功源于自信

2003 年的秋天，19 岁的扎克伯格向好友亚当·德安杰罗吐露了打算创建社交网站的想法，扎克伯格告诉德安杰罗，有一些哈佛高年级的同学希望他建立一个"交友网站"或者"类似 Facebook 一样"的网站，扎克伯格希望能获得德安杰罗的帮助。德安杰罗后来成了 Facebook 的第一任首席技术长。

事实上，尽管此时扎克伯格有意创建一个网站，但对于网站未来的把握及内容，他都不是很确定，而德安杰罗则提出了建设性的意见——建成类似于 Friendster（Friendster 创立早于 Facebook，曾风靡一时，后被迫转型）一样的网络社区，并被扎克伯格采纳。

扎克伯格称，自己讨厌为他人做"绿叶"，正如自己不愿在别人手下干活一样，"等到最后一刻，大家都推出自己的网站，就说，'你的不如我的，如果你想加入我们就来吧……否则就等以后我再帮你。'"显然，扎克伯格对自己很有信心。

2004 年 2 月，扎克伯格和他的三个同学，达斯汀·莫斯科威茨、克里斯·休斯及爱德华多·萨维林创立了 Facebook，起初只针对哈佛学生，之后马克·扎克伯格将之推广到了美国其他大学。

据扎克伯格透露，前三个月 Facebook 每月运营开支只需要 85 美元，用于租赁电脑，2004 年 6 月，扎克伯格将 Facebook 搬至硅谷小镇帕洛阿尔托市。当年年底，由于 Facebook 注册用户越来越多，扎克伯格选择了退学，专注网站业务，据称当时用户数量已经达到 100 万。

2. 创业过程并非一帆风顺

扎克伯格曾称，Facebook 的使命不是盈利，而是推动世界更加开放。"这不是钱的问题，对于我和我的同事来说，最重要的是我们创建了一个开放的信息流。"

Facebook 惹上窃取知识产权官司。2012 年 1 月底，Businessinsider 披露了一份时间为 2004 年 7 月 26 日的聊天记录，当时刚创立不久的 Facebook 惹上了官司，扎克伯格早期的商业伙伴起诉 Facebook 窃取知识产权，要求赔偿 10 万美元。扎克伯格在与一密友的聊天中称，自己不会支付官司费，"等那些来收购我们的公司去付吧。"扎克伯格当时还表示，这会促使用户使用 Wirehog（扎克伯格同期创立了文件分享网站，随后选择了关闭）。

3. 被谷歌收购的传闻

2006 年随着 MySpace 被新闻集团收购，出现了 Facebook 会被一家大型媒体网站收购的消息。Facebook 的创始人扎克伯格否认这些传闻，他已拒绝 9 亿 7500 万美元左右的收购价格，不知还有谁愿意出高于这个的价格收购 Facebook。分析师 Steve Rosenbush 猜测是维亚康姆（Viacom）。2006 年 9 月，Facebook 和 Yahoo 开始进行关于收购的认真谈判，价格约 10 亿美元。同年 10 月，随着 Google 以 16 亿美元收购 YouTube，有传闻说 Google 开价 23 亿美元欲从 Yahoo 手中抢购 Facebook。

在运营过程中，扎克伯格也不确定 Facebook 是否能够长久下去，但正是由于他的决断与自信，才成就了今天的 Facebook，这也是创业必不可少的条件。

（六）知识要点

1. 自信心的内涵

自信心是一种反映个体对自己是否有能力成功地完成某项活动的信任程度的心理特

性，是一种积极、有效地表达自我价值、自我尊重、自我理解的意识特征和心理状态，也称为信心。自信心的个体差异不同程度地影响着学习、竞赛、就业、成就等多方面的个体心理和行为。

2. 如何保持创业信心

（1）要保持自己的专业度。不是什么人都可以创业的，创业者要有自己的专业度，比如自己懂技术，或者自己擅长销售，或者自己具备一定的资源和人脉。总之，创业者要保持创业信心离不开自己的专业度。

（2）保持学习。学到老活到老，这句话特别适合创业者，现在的创业环境虽然很好，但创业之路却越来越难走，要想成功就必须保持信心，而信心需要学习知识和技巧来巩固，让自己一直处于领先的地位。

（3）结交更多的人脉。所谓天外有天，山外有山，创业者要保持创业信心，就需要多认识人，认识更多高端的人，从他们身上发现自己的不足，找到自己的潜力，建立更多的信心。

（4）组建团队，并且是有文化、有凝聚力的团队。创业者要坚持创业信心离不开团队的加持，没有团队，仅靠个人的单打独斗是不行的，信心也来自团队的齐心协力。

（5）做好每一件事情，努力做出结果。对于创业者而言，要坚持创业的信心，需要有成绩，需要有结果来证明自己的坚持是对的，选择创业是对的，这些都有利于自己创业信心的建立和坚持。

（6）定期给自己制定目标，或者对之前的目标进行调整和更新。创业者要坚持创业信心需要有目标，需要根据环境等因素的变化来更新目标，让自己更有信心朝着既定目标前进。

（7）组织自己的智囊团，可以是松散性质的，也可以是固定模式的，总之要有自己的智囊团。一方面智囊团可以帮自己出谋划策，另一方面会让自己更有信心坚持下去。

（七）课堂活动

1. **活动主题**：互相评价
2. **活动目的**：主要通过自我评价和他人评价对比，更客观地认识自我。
3. **活动组织**：
（1）全班同学进行分组，每组通过自我陈述评选出小组长。
（2）小组内，每个人进行简短的自我介绍，介绍内容主要围绕自身的长相、优缺点、生活习惯等。
（3）小组内自我评价结束后，组员分别对其内容进行评价。
4. **总结提升**：每组小组长作为代表对本小组的活动进行评价，并阐述对于自信的认识，尤其是自己对于自身的消极评价方面内容，在他人看来评价如何。

（八）拓展阅读

1. "让我试试"的自信

19 世纪末的一天，伦敦的一个游戏场内正在进行着一场演出。突然，台上的演员刚唱两句就唱不出来了，台下乱得一塌糊涂。许多观众一哄而起，嚷嚷着要退票。剧场老板一看势头不好，只好找人救场，谁知找了一圈也找不到合适的人。

这时，一个 5 岁小男孩儿站了出来说："老板，让我试试，行吗？"老板看着小家伙自信的眼神，便同意让他试一试。结果，他在台上又唱又跳，把观众逗得特别高兴，歌唱了一半，好多观众便向台上扔硬币。小家伙一边滑稽地捡起钱，一边唱得更起劲儿了。在观众的欢呼声中，他一下子唱了好几首歌。

又过了几年，法国著名的丑角明星马塞林来到一个儿童剧团和大家同台演出，当时马塞林的节目中需要一个演员演一只猫，由于马塞林的名气太大，许多演员都不敢接受这个角色，那个小男孩又站了出来，大家都为他捏了一把汗，谁知他和马塞林配合得非常默契。这个小男孩，就是后来名扬世界的幽默艺术大师——卓别林！

2. 自信与自卑

俄国著名戏剧家斯坦尼斯拉夫斯基，有一次在排演一出话剧的时候，女主角突然因故不能演出了，斯坦尼斯拉夫斯基实在找不到人，只好叫他的大姐担任这个角色。他的大姐以前只是一个服装道具管理员，现在突然出演主角，便产生了自卑胆怯的心理，演得极差，引起了斯坦尼斯拉夫斯基的烦躁和不满。

一次，他突然停下排练，说："这场戏是全剧的关键，如果女主角仍然演得这样差劲儿，整个戏就不能再往下排了！"这时全场寂然，他的大姐久久没有说话。突然，她抬起头来说："排练！"一扫以前的自卑、羞怯和拘谨，演得非常自信，非常真实。斯坦尼斯拉夫斯基高兴地说："我们又拥有了一位新的表演艺术家。"

这是一个发人深思的故事，为什么同一个人前后有天壤之别呢？这就是自卑与自信的差异！

（九）实践练习

项目内容	思考和分析
思考如何建立创业信心？	
思考当我们在创业过程中遇到困难时，我们应该如何去面对？	

十三、拓展创业思路

（一）学习目标

1. 知识目标：了解拓展创业思路的重要性
2. 技能目标：增强创业机会识别的实践技能，提升创新创业能力
3. 素养目标：拓展创业思路，提高创新创业意识

（二）学习任务

1. 通过本节内容的学习，重新思考自己的创业项目
2. 根据自己的创业项目，创新创业思路

（三）学习导读

马创业的核心思路：找到一个社会问题 https://www.ixigua.com/6874954122324345356

（四）名言警句

若无某种大胆放肆的猜想，一般是不可能有知识的进展的。

——爱因斯坦（现代物理学家）

想出新办法的人在他的办法没有成功以前，人家总说他是异想天开。

——马克·吐温（美国作家）

科学到了最后阶段，便遇上了想象。

——维克多·雨果（法国作家）

如果学习只在模仿，那么我们就不会有科学，也不会有技术。

——马克西姆·高尔基（苏联著名作家）

对于创新来说，方法就是新的世界，最重要的不是知识，而是思路。

——郎加明（"金三极创新思维"理论体系创立者）

思路决定出路，布局决定结局。

——牛根生（蒙牛乳业集团创始人）

遇到难题时，我总是力求寻找巧妙的思路，出奇制胜。

——朱清时（中国科学院院士）

（五）情景案例

小米的创业思路

1. 向同仁堂学习：做产品要真材实料，还要有信仰

柳传志当年推荐过一本书，叫《基业长青》，是关于如何创办百年企业的。于是我就问自己，怎么办一个百年企业呢？我首先想的是，在中国，谁做到了百年。我第一个想到的是同仁堂。

在研究同仁堂的时候，我发现同仁堂最重要的是其司训："品味虽贵必不敢减物力，炮制虽繁必不敢省人工。"意即做产品，材料即便贵也要用最好的，过程虽烦琐也不能偷懒。换句话说，要真材实料。

但这个事说起来简单，做起来是很难的。所以同仁堂的老祖宗又讲了第二句话："修合无人见，存心有天知。"你做的一切，只有你自己的良心和老天知道。这一句话，是关于怎么保证第一句话被执行的。

这让我很受震动。我认为要基业长青，就要做到两条：第一，真材实料；第二，对得起良心。当我想到这儿以后，我又问，有没有千年企业呢？其实有，宗教。宗教其实就是信仰。所以说不管是多少年，想办成一个持续永恒的事业，就得有理念，并且要把这种理念变成信仰。

思考过这个以后，我干小米时就想走一条不同的路：做产品的材料，要全部用全球最好的。夸张地说，我们"只买贵的，不买对的"，贵的肯定是有道理的。对于一个从零创办的公司而言，这是非常不容易的，因为这意味着我们的成本比别人高了一大截。但我们还是这样做了，处理器用高通，屏幕用夏普，最后组装也找全球最大的平台——

富士康。

我发现我们中国人需要的，首先是好东西，而不仅仅是便宜的东西。做到这一点后，我们还有一个问题，就是谁愿意和一个初创企业合作呢？原来我以为做手机跟做PC一样买个元器件就行，后来发现不是，手机里面绝大部分都是电子件，这意味着我们的合作商需要投资研发资源，要承担巨大的风险。所以每一家供应商在选择合作伙伴的时候，都异常小心。组装的事，我从第一名谈到第四名，都没有人理我，最后我说服了第五名的英华达，就是英业达集团的子公司。我跟他们南京的总经理谈了三次，他觉得我的想法是靠谱的，所以选择了跟我们赌一把。今天，我们的组装主要就两家供应商——英华达和富士康。

我想说的是，一个创业公司从零开始的时候，很多人不相信你能做成。而找手机主要的供应商，我花了大概9个月的时间。想做一个好东西，很不容易。

2011年，我们第一款产品做出来时，成本高达2000元人民币。当时国产手机都是五六百元，2000元的手机怎么卖？我们内部完全没信心。原本我们的定价是1499元，一部手机要赔500元，肯定是不行的。在产品发布的前一周，我想了一个通宵没睡，第二天晚上，和几个合伙人一起商量，决定定价1999元。我们要相信，是好的东西就值1999元。一周后我们发布了，大获成功。

如今的中国已经是产品过剩的时代，如果不认认真真地把产品做好，那不就是忽悠吗？为了保证做到这一点，小米在创办初期的一年半里，没有市场部门，也没有发过一篇公关稿，并且要求全员保密，甚至不能说这个公司是雷军做的。

刚开始，我们从擅长的软件入手，做了基于安卓的MIUI。2010年4月6日，我们创办了公司，8月16日发布了MIUI第一个版本。产品发布时只有100个用户，但是第二周就变成了200个，第三周400个，每个星期翻一番。10月份，我们就被全球的开发者论坛XDA推荐，从国际上火起来，当年就获得了安卓最佳产品的提名。

所以说，要认真做好产品，要相信口碑，而口碑就是信仰的一部分。小米，是我40岁在财务自由以后创办的公司。这点最大的优势就是，我不会为了钱去做什么事情，这个事情是我喜欢的，我满意的。所以小米要做的第一件事就是货真价实。

2.向海底捞学习：口碑源于超预期

七八年前，我在机场的书店买了一本书——《海底捞你学不会》，可是看了三四个小时之后，我发现我学会了。我发现海底捞的秘诀其实只有两个字：口碑。怎么能把口碑做好呢？很多人很快就想到了口碑营销，可是你一旦想到营销，这件事情就死了，你首先要想，什么样的东西才有口碑。

我看完这本书就去了海底捞。跟其他火锅店一样，海底捞的环境很嘈杂。但让我惊讶的是，海底捞的服务员有着发自内心的笑容，笑容真的能够打动人。我就问海底捞的服务员："你当个服务员有啥好笑的呢？"她跟我说："我是40多岁下岗女工，一直找不到工作，结果海底捞录用了我，七八年前就给我每月4000元的工资，我睡觉做梦都会笑醒。"

我对此很受触动，海底捞连员工都感动了。所以我决定，小米的客服，在北京首先能比同行平均工资高30%，四千块钱起，不惜代价，最高能到一万二。如果我不能对员工好，员工会怎么对我们的客户呢？

几年前，微博上有个段子讲得特别好。有个客人在海底捞吃完饭后，想将餐后没吃完的西瓜打包带走，海底捞说不行。可是他结完账时，服务员拎了一个没有切开的西瓜对他说："您想打包，我们准备了一个完整的西瓜给您带走，切开的西瓜带回去不卫生。"哇，那一瞬间就把客户打动了。所以讲到这里，大家知道什么叫口碑了吗？

其实后来我还去过帆船酒店，当时我怀着无比崇敬的心情去了迪拜。一进帆船酒店，感觉金碧辉煌，好像真的贴了金子，但现代人的审美不会觉得这是奢华，而是土。所以我就觉得很失望，这难道是全球最好的酒店吗？我想是因为我预期太高了。现在回想起来，帆船餐厅好得惊人，但是我的预期如此之高，以至于我真的失望了。

口碑的核心是超越用户的预期。帆船酒店的服务肯定比海底捞的要好，但他没有超越用户的预期，海底捞破破烂烂的，进去闹哄哄的，但是包括服务员的笑容在内，很多细节征服了每一个客户，所以海底捞的口碑是无敌的。

有了这样无敌的口碑，还需要做广告吗？所以小米公司成立初期，我没有成立市场部，也没有做公关。我相信口碑，我认为最好的产品就是营销，最好的服务就是营销，好东西大家会心甘情愿地帮你推广。

初期的时候大家不信，我们做 MIUI 实践了一把，大获成功。广告这东西，一半有效一半无效，但比广告更有效果的是口碑。

我们为什么觉得保健品人见人烦，就是因为他们天天吹牛，广告多得让人心烦，消费者渐渐不愿意相信了。而没有广告以后，你会真心真意对待每一个用户，所做的每件事情都超预期。

又比如双十一，半夜一点多钟下的单，第二天早晨六点就送到了。用户说小米的物流丧心病狂，刚买完几个小时以后，货就已经送到了，这就是一个能够打动用户的小细节。

所以我想跟大家谈的第二个就是，口碑的核心是超预期。当你去经营口碑时，我相信你的口碑就一定会有提高。口碑不是新媒体营销，其本质是认真琢磨产品和服务怎么能够打动消费者，我觉得这是关键。

3. 向沃尔玛、好市多学习：低毛利、高效率是王道

52 年前，老山姆在家乡创办了一个杂货店。他发现那时美国流通行业的平均毛利率是 45%，这其实是很黑的。老山姆就想，我能不能只赚别人一半的钱，只做 22% 的毛利率呢？天天平价，销量可以是别人的好几倍，肯定能挣钱。所以他就把"天天平价"做成了沃尔玛创办的口号。

但是仔细想想，当别的连锁店赚 45% 的时候，只做 22%，理论上肯定是不赚钱的，而且亏得很厉害，这是市场竞争的原则。

老山姆琢磨了很久，心想只要便宜 100 美元，美国人就会愿意开车到 10 英里以外。所以他就不在市中心办，而是找了一个旧仓库，把所有的成本降到最低，就算毛利率只有 22%，他也还有几个点的净利润。结果，沃尔玛用了 30 年就成为世界第一，这就是高效率。

我们的商学院教了一堆错误的观念，包括我们这些投资者们，永远在问"可不可以有更高的毛利率"。当然可以，骗用户呗！要么偷工减料，要么就涨价，还有别的方式能提高毛利率吗？我现在投资，特不喜欢毛利率很高的。中国市场上什么东西都贵得离

谱，稍微好一点的东西就很贵。

三年前，我跟金山的一帮高管去美国。那时我们的 CEO 张宏江，是从美国回来的，原来微软的工程院院长。他一下飞机，就租了辆车直奔 Costco（好市多，美国最大的连锁会员制仓储量贩店），后来同行的七八个人也去了，回来以后都很激动。

我感到很奇怪，猎豹移动的傅盛就给我举例，两个新秀丽牌子的大箱子，平时在国内大概卖 9000 多元人民币，Costco 只要 150 美元，合 900 元人民币。美国的房子、土地、人工什么的都贵，但这两个箱子，价格只有国内的 1/10。我们的人民拿着美国 1/6、1/10 的工资，却要付 10 倍的价钱，这是为什么？

我后来研究 Costco 发现，这个公司确实厉害。他们的信条是：所有的东西，定价只有 1%～14% 的毛利率。任何东西的定价超过 14% 的毛利率，就要经过 CEO 批准，还要再经过董事会批准，非常麻烦。我看了他们的财报，7% 的平均毛利率，在美国做大型连锁零售，这是不挣钱的。所以他们通过会员费来盈利，要买东西的必须成为会员。2000 多万的会员，每人一年 100 美元。Costco 的店面大概只有沃尔玛的 1/4，每种东西只有两三个品牌，都超级好，也超级便宜。结果我们都成了 Costco 的会员。

所以我想探究的一个问题是，一个公司的毛利率越高，真的越好吗？毛利率高的公司，效率一定很低的。在低毛利的情况下，怎么高效率地工作才是关键的地方。

小米刚开始是零毛利的，依靠大规模的生产，大概能有百分之十几的毛利率。我们的关键在于，把小米的整体运作成本控制在 5% 以内。前年是 4.1%，去年是 4.3%，不谦虚地讲，我们是全球运作效率最高的公司。

所以我们一定不能雇很多人，一定不能做很多事。我们的哲学是：少就是多，一定要专注。我们的模式太复杂了，简单就是我们的核心竞争力。我们首先是复杂，然后再把复杂的事情做简单。

沃尔玛跟 Costco 这些零售业给我的经验就是，低毛利是王道。只有低毛利，才能逼着你提高运作效率。而小米要接近成本来定价，高效率就是王道，没有高效率，这个公司会赔得一塌糊涂。

我一直在想，做电子商务为什么损失那么大，要烧那么多钱呢？小米做的也是电子商务，我们还赚钱。我不记得在哪里看过一句话，说企业不赚钱就是犯罪，企业的社会使命就是要赚钱提高效率。但是类似于亚马逊的神话，只有贝佐斯做到了，一般人是做不到的。而我们既然不想坑用户，又要赚钱，就只能用所有的聪明才智来提高效率。

提高效率不等于克扣员工。小米有员工 7500 人，5000 人是服务部门，研发运作部门只有 2500 人，以我们今年预计 750 亿到 800 亿元的营业额来说，我觉得已经是天下无敌了，这需要什么样的运作效率呢？

所以，我们雇每一个人的时候，都需要精挑细选。

比如我们的虎哥，Hugo Barra，安卓的产品副总裁、谷歌的全球副总裁。我用了三年多的时间，说服他到小米工作。其实到小米工作容易，因为小米目前形势比人强，难的是说服他离开硅谷来北京工作。

大家明白，虎哥在硅谷、在谷歌内部，都在一个很好的位置上。他也知道风险，如果小米干砸了，他可能就不能当安卓这个副总裁了，现在安卓已经占了智能手机全球百分之八九十的市场份额。他本人在硅谷也有巨大的影响力，加入小米时，所有的商业杂志都是整版的报道。

去年 10 月份他到北京，上个月在这工作满一年时，我跟他聊天，他还是觉得，这是个激动人心的事业。

这段时间，新浪的前总编辑陈彤也加入了小米。他离职的时候，火得一塌糊涂，而他加入小米的这件事，热度也相当于他离职消息的 90%。

所以，我们在不惜代价地吸引各方顶级的人才。人才，对于我们这样一个高效率的公司来说，是我们最重要的资产。我们尽量少雇人，对这些人却有一个要求：前两三百人，全部十年以上经验。因为只有这样的经验，才能使一个公司高速发展而不翻车。

（六）知识要点

1. 思路要大气

我们经常看到传统的小企业主被生意束缚和困扰。每个星期工作时间长达七八十个小时，很少出去旅游，生活单调，没有新鲜感。除了他们用来经营的不动产外，很少拥有自己的私人财产。与他们相比，着眼于发展与积累财富的创业者最大区别就是后者思路更大气。如果你要创建一家公司，就要准备好为此而奔波一生。所以，你就应该想着建立一个大公司。这样至少你可以辛苦而富有，而不单单只有辛苦。

2. 仔细考察商机

从思路转变为高潜力商机的过程是难以捉摸、自相矛盾和危险的，是一个复杂、微妙、因事而异（时间、市场空间、投资者的其他选择等）的过程。

3. 思路与商机的关系

好的思路只不过是创业者手中的一项工具，找到一个好的思路只是将创业者的创造力转变为商机的艰辛历程中的第一步。

缺乏思路，一个人就无法创建成功的企业。就这方面而言，经验在审视新企业思路时显得至关重要。我们经常看到，有经验的创业者常常在模式和商机还在形成的过程中，就表现出了快速识别它们的能力。要识别出那些可以变成创业商机的思路，必须具有发现别人发现不了的东西的能力。

创造性思维在识别商机的过程中是很有价值的，在创业的其他方面也是如此，创造力是可以学习，可以提高的。研究显示：创造力在一个人小学一年级的时候达到顶峰，因为在这以后，人的生活逐渐被其他人和其他制度变得格式化。而且，学校的教育比孩提时代更加强调学科的发展和精确思考的重要性，强调推理、思考的逻辑和理性模式。最后，社会压力趋向于对创造力施加压力，使得它平淡无奇。

商机的存在和创造是实时的，还有所谓的商机之窗。对于要抓住商机的创业者而言，这扇窗必须是打开的，而且必须打开足够长的时间来实现必需的市场回报。

当潜在商机出现的时候，识别它的能力，以及在窗户打开时而不是在猛然关上时抓住商机的时机把握，是极为关键的。

成功的商机一旦被识别，它就必须与创建新企业的其他力量相匹配，这一点很重要。对创建新企业的重要驱动力量间匹配程度的评价与再评价是一个反复的过程。在谈到商机的识别时，比较重要的是领导人及团队与商机的匹配程度。

多年来，那些在商业和特定的市场领域具有丰富经验的人开发了一套筛选商机的方法。风险投资家、精明老练的创业者和投资者也在筛选创业的过程中使用这套评价方法。

能否快速、高效筛选优秀的创业思路是一项很重要的技能，这项技能有利于减少时间和精力的浪费。同时，通过练习，可以客观认识现实状况、薄弱点和优势。

需要投入一些彻底的研究，将思路塑造成商机。有关市场特征、竞争者等的可获数据常常反过来与一个真正的商机的潜力相联系。也就是说，如果市场数据已经可以获得，并且这些数据清楚地显示出巨大的潜力，大量的竞争者就会进入该市场，该市场的商机随之减少。但是，从另外一个方面来讲，大多数数据都是不完整的、不准确的、自相矛盾的，它们的含义很模糊，对于创业者来说，收集必要的信息，发现可能性，将别人看来仅仅是一片混乱的事物联系起来，是非常重要的。

4. 增强机会识别的实践技能

提高识别有潜在价值机会的能力，可以通过增强机会识别的实践技能来达到，其中比较重要的一些措施如下：

（1）构建广博的知识基础。识别机会的能力如同创造力一样，在很大程度上依赖于管理中拥有的信息量。拥有的信息越多，就越有可能先于别人识别有潜在价值的机会。无论何时，学习、学习、再学习是机会识别能力的重要基础。

（2）将知识组织起来。组织起来的知识比没有组织起来的知识更有用。这就是说，当获得了新知识，应该积极地去寻找与之相关的原有知识。这样新旧知识的联系就会清晰地成为焦点。以这种方式联系和组织的信息比那些没有组织的信息要更容易记忆和利用。

（3）拓宽获取信息的渠道。一般情况下，接受与潜在机会相关的信息越多，就越有可能在机会刚刚出现时就发现它们。这可以通过从事"前沿"的工作（例如研发和市场营销工作），或构建一个巨大的社交网络，或者通过拥有丰富多样的工作和生活经历，来获取信息渠道。

（4）在已有知识中创造联系。知识结构的内在联系越多，其中的信息就越容易结合起来发展出新模式。将存储在记忆中的信息同其他认知系统建立联系是有用的策略。建立这种联系的一种方法是被称为深度处理的方法，即积极思考信息及相互间的联系，它能提高识别潜在机会的能力。

（5）训练实践智能。创业者有时被人批评为"梦想家"——想得太多而脱离现实的人。事实恰恰相反，他们通常都是实践智能很高的人，具有解决日常生活中各种问题的能力。提高实践智能比较好的办法就是，不要接受按思维定势想出的问题解决方案。这样会使实践智能得到提高，进而提高识别机会的能力。

（6）要同盲目乐观和偏见作斗争。创业者不仅要关注真正存在的机会带来的潜在收益，也要关注追求虚假机会所带来的毁灭性代价。

（七）课堂活动

> 1. **活动主题**：卖"苹果"
> 2. **活动目的**：拓展创业思路
> 3. **活动组织**：
> （1）将同学随机分为 5 个小组，讨论如何卖"苹果"。
> （2）讨论结束后，每个小组派 1～2 名同学来总结小组的讨论结果。
> 4. **总结提升**：请同学阐述创业思路对创业的作用

（八）拓展阅读

1. 木匠的门

一个木匠做得一手好门。他给自己家做了一扇门，他认为这门用料实在，做工精良，一定会经久耐用。

过了一段时间，门的钉子锈了，掉下一块板，木匠找出一颗钉子补上，门又完好如初。不久又掉了一颗钉子，木匠又换上一颗钉子。后来，又有一块板坏了，木匠就又找出一块板换上。再后来，门闩坏了，木匠又换了一个门闩……

若干年后，这扇门虽经无数次破损，但经过木匠的精心修理，仍坚固耐用。木匠对此甚是自豪：多亏有了这手艺，不然门坏了还不知如何是好。

忽然有一天，邻居对他说："你是木匠，你看看你家这门！"

木匠仔细一看，才发觉邻居家的门一扇扇样式新颖、质地优良，而自己家的门又老又破，满是补丁。木匠明白了，是自己的这种门手艺阻碍了自家"门"的发展。

启示：学一门手艺很重要，但换一种思维更重要。行业上的造诣是一笔财富，但也是一扇门，会关住自己。面对全新变化的世界，要有勇气、有决心打破关住自己的这扇"无形门"，及时反思和提升自己的"手艺"，这样才能看到更多外面美丽的风景。

2. 毛毛虫的习性

毛毛虫有一种天生的习性，就是第一只到什么地方去，其余的都会依次跟着走。它们整整齐齐排成一行，后边的一只跟着前面的一只，不论前一只怎样的转弯或歪歪斜斜地走，后面的都会照它的样子做，无一例外。这是因为第一只毛毛虫边走边吐一条细丝，第二只毛毛虫就踏着这条细丝前进，同样也会吐一条细丝加在上面，以此类推就成了一条毛毛虫大道。每一队毛毛虫，不管队伍长短总有一只做首领。为什么能做首领这完全是偶然的，不是大家选举的，也不是由谁来指定的。今天可能是这只，明天可能是那只，没有一定的规则。

有一位生物学家做了个有趣的试验。他把十几条毛毛虫放到花盆的边上，花盆的四周布满了菜叶，花盆的中央是一株枝叶茂盛正在盛开的鲜花。毛毛虫队伍形成了一个封闭的圆环。它们自动地等距离分布，速度相同，步调一致，就像一支训练有素的士兵绕着花盆边沿做起了匀速圆周运动。

一小时过去了，两小时过去了，三小时过去了……它们的队伍还是那样严紧，没有一只掉队的，也没有一只偏离轨道的。它们走得那样认真、那样整齐，真让人称奇。八个小时过去了，它们可能是太劳累了，前进的速度有些放慢，队伍开始走走停停。晚上天气逐渐变凉，又饥又渴的毛毛虫们只好停顿下来卷作一团昏昏欲睡。

第二天气温逐渐变暖，它们慢慢地苏醒过来，又自动排好队伍开始在那里绕圈子。就这样它们日复一日地重复着如此简单的运动，竟没有一只发现这是一个严重的错误，没有一只能离开这个可怕骗人的怪圈子而闯出一条新路。数天的奔波它们不吃不喝，这些可怜的毛毛虫最后无一幸免地累死在花盆的边沿上。

启示：其实很简单，只要它向里一拐就能吃到嫩绿的叶子和芬芳的鲜花；向外一拐掉在花盆下就能吃到丰盛的菜叶，也能逃脱这可悲的下场，但它们就是做不到。可能是生理原因或智商太低，这无可厚非。而作为新时代的青少年，要善于打破常规，克服从众心理，勇于创新，只有这样社会才能前进，我们的祖国才能兴旺发达。

（九）实践练习

基于你的创业项目，列举出 2～3 条全新的创业思路。

十四、提高法律意识

（一）学习目标

1. 知识目标：了解和创业活动密切相关的法律知识
2. 技能目标：强化法律意识，提升创业风险防范能力
3. 素养目标：树立法制观念，增强法律意识，成为懂法、守法、用法的创业者

（二）学习任务

1. 养成良好的创业行为习惯
2. 熟悉与创业相关的法律法规

（三）学习导读

1. 孙祥和编著，《创业法律实务》
2. 学习强国：《创业项目的法律识别：风险与机会并存（一）》
3. 学习强国：《创业项目的法律识别：风险与机会并存（二）》

（四）名言警句

良心是一种根据道德准则来判断自己的本能，它不只是一种能力，它是一种本能。

——康德（德国古典哲学创始人）

法律是一种不断完善的实践，虽然可能因其缺陷而失效，甚至根本失效，但它绝不是一种荒唐的玩笑。

——罗纳德·德沃金（法理学家）

内不欺己，外不欺人，上不欺天，君子所以慎独。

——（清）金缨《格言联璧·持躬》

如果道德败坏了趣味，也必然会堕落。

——丹尼斯·狄德罗（法国启蒙思想家）

法律的基本原则是为人诚实，不损害他人，给予每个人他应得的部分。

——查士丁尼（古罗马皇帝）

法律是为了保护无辜而制定的。

——托马斯·艾略特（英国现代派诗人）

法律是显露的道德，道德是隐藏的法律。

——林肯（美国第 16 任总统）

法律的力量应当跟随着公民，就像影子跟随着身体一样。

——切萨雷·贝卡利亚（意大利法理学家）

纪律是自由的第一条件。

——黑格尔（德国哲学家）

（五）情景案例

周其仁：两个关于创新创业与法治的故事

1. 陈氏兄弟与 IP 电话

我们知道传统的电话技术两头接通讲话时，这条线就被占用了。但是因特网兴起后，语音信息可以通过数字化处理变成数据包，在网上一个包一个包地传输，每条线上可以同时运行很多数据包。这个技术大概从 1995 年开始应用，但开始时，网络回音很大，听不清楚。后来据说一家以色列的公司解决了这个问题，IP 电话就开始走向市场了。

　　中国的企业家很灵敏。1997年年底，福州马尾区一家陈氏兄弟经营的民企开始用IP电话技术做生意，由于IP电话比当时传统的电信便宜很多，在市场上很受欢迎。福州居民多有海外侨民亲戚，需要通电话，但当时电信的国际长途话费很贵，大约每分钟28元至32元，而陈氏兄弟引入的IP电话，每分钟才4.8元。新商业模式非常成功，人们在陈氏兄弟的店门口排起了长队。

　　可这样一来，当地电信局就急了，说陈氏兄弟侵犯了国家的电信专营，要公安局以涉嫌"非法经营罪"扣押陈氏兄弟的设备，还起诉了他们。马尾区区法院判电信局胜诉，陈氏兄弟上诉到福州中级法院，中院院长请来各方证人，弄清楚了IP电话不是传统电信技术，因此原来的电信专营范围并不能自动覆盖新的IP电话，于是裁定区法院的判据不当，发回重审。

　　这个故事说明了法治的重要性。首先有没有公布过的法律，其次是原定的限制范围是不是就自动覆盖新的技术领域，还有，就是有没有权威的第三方的公正审理。这个案件事实上推进了IP电话在中国的运用。我记得就是在故事发生的当年，当时的信产部推出IP电话，最早定价就是陈氏兄弟定下的每分钟4.8元！不过陈氏兄弟的生意还是因此案受到拖累。我后来常常想，要是法治环境更完善，像他们这样的"快鱼"，作为"先出手者"（firstmover），是不是早就可以发达起来了。

　　这个例子说明，与其喊口号鼓励创业、创新，不如有一个真正保护创业和创新的法治环境。对于企业家来说，你不关心别的事情也许可以，但一定要关心法治建设，一定要有依法保护自己的意识和知识。

2. 怎样发展快递

　　快递是新兴市场。背景是商业活动频繁，特别是人们的时间开始变贵，就产生了新的需求，比如商业文书、样品的同城快递，甚至全国范围的快递。那是20世纪90年代以后起来的新市场。民间出现了"小红帽"，另外还有包括联邦快递等五大国际物流公司也进入中国。

　　但是快递业务一起步，就面临一个新问题：非邮政机构有权经营快递吗？邮政部门认为不可以。因为20世纪80年代的《邮政法》规定了送信业务由国家专营，但原来的法规到底有没有覆盖新的快递业务？当时一位邮政系统的领导在电视台里说，牛跑快了还是不是牛，还应不应该仍然归牛馆，也就是邮政管？反对的意见认为，为保护公民的通信自由，一般信件由邮政专营，但现在快递的商业包裹并不在原先的信件范畴之内。

　　这也涉及原先定下的法律要不要审视新的情况修订，以及怎样修订的问题。还要有权威的第三方审理，不能由发生利害冲突的一方当事人自己解释法律，自己还组织执法。这件事后来逐步解决了。

　　但是，如果回避当时的那场涉法冲突，今天如火如荼的电商根本就搞不起来。要是全部包裹只准邮政局送，现在的电商还怎么促销？当然改革也帮了邮政系统的忙，因为竞争大大促进了邮政系统服务的改善。

（六）知识要点

创业相关法律法规

现在自主创业的人越来越多，但是创业者对相关法律知识了解甚少。创业应了解哪些法律知识呢？

1. 开办企业（店铺）相关法律知识

开始创业前，必须了解我国的一些基本法律知识，这样才能更好地解决创业中所涉及的一些法律问题。开办和经营企业（店铺）必须合法，因此必须遵守国家的法律法规，在企业（店铺）的创业准备阶段，有必要了解我国的基本法律环境，了解企业（店铺）不同法定形态各自的利弊，熟悉有关的法律法规，选择适合自己的企业（店铺）法定形态。

企业（店铺）的法定形态是指国家的法律法规所规定的企业（店铺）经营的组织形式，即在工商部门做企业（店铺）登记注册时，企业（店铺）营业执照上所标识的企业（店铺）类型。创业者应根据自身实际情况选择合适的企业（店铺）法定形态，选择时应主要考虑以下因素。

（1）责任范围：个人资产是否负连带责任？

（2）注册资本金最低限额多少？

（3）经营场地有无场地要求？

（4）登记和经营的成本及便利程度。

（5）税费成本：申办经营许可所需要的费用、纳税的税率、纳税手续的繁简程度。

（6）经营便利：企业的形象、有无规模局限性？是否适合长远发展？

（7）创业合作：是否需要合作伙伴？有无与境外投资人合作的机会？

从事经营活动，必须到工商行政管理部门办理登记手续，领取营业执照，如果从事特定行业的经营活动，还需事先取得相关主管部门的批准文件。设立特定行业的企业（店铺），还有必要了解有关开发区、高科技园区、软件园区等方面的法规、规章、有关地方规定。这样有助于选择创业地点，以及享受税收等优惠政策。

我国实行法定注册资本制，如果不以货币资金出资，而以实物、知识产权等无形资产或股权、债权等出资，还需要了解有关资产评估等法规规定。

2. 经营企业（店铺）相关法律简介

（1）《中华人民共和国公司法》（简称《公司法》）

《公司法》，是规范公司行为的最基本的法律，公司的设立、股东资格、公司章程、股东责任、股东权利、公司高管、公司解散清算等事项，都应当按照《公司法》的规定来进行，是中、小企业贯穿始终的一部法律。其他的还有《中华人民共和国个人独资企业法》《中华人民共和国合伙企业法》等。

（2）《公司登记管理条例》

《公司登记管理条例》是公司设立、年检、注销必须遵循的法规。

（3）《中华人民共和国合同法》（简称《合同法》）

公司成立的目的是盈利，而盈利就离不开交易，《合同法》是规范市场交易的法律，是民事主体进行经济活动所遵循的主要法律。合同涵盖的内容广泛，不仅商品交易需要订立合同，涉及公司的股权交易、知识产权交易、物权变动等事项也均需有合同保障，均受《合同法》的调整。

（4）《中华人民共和国物权法》（简称《物权法》）

公司经营所得涉及土地、房产等不动产及交易有些动产，是需要办理登记才能取得物权的，这部分物权的取得许可是受《物权法》调整的。

同时，《中华人民共和国土地管理法》《中华人民共和国房地产管理法》也是涉及土地、房产物权方面应当遵循的规范。

另外，物权具有担保功能，在涉及物权担保时，《物权法》的相关规定是必须遵守的。

（5）金融类法律

公司成立之后，运营期间要支付结算，要贷款融资，这个时候涉及的法律法规有《贷款通则》《中华人民共和国票据法》《中华人民共和国证券法》等。

公司为了分散风险及交通工具类因国家强制规定而必须或选择的保险，又涉及《中华人民共和国保险法》的相关规定。

（6）知识产权类的法律

公司要有自己的商誉，同时还会给自己的产品或者服务注册商标，有自己的商业秘密和专利技术，这些涉及《中华人民共和国商标法》《中华人民共和国专利法》和《中华人民共和国反不正当竞争法》等法规。

（7）《中华人民共和国婚姻法》《中华人民共和国继承法》

公司在运转的过程中，可能因为婚姻继承事项而出现股东或股份的变动，在这方面，《中华人民共和国婚姻法》和《中华人民共和国继法》均有相关规定。

（8）税收类的法律

公司作为最重要的纳税义务人，在缴纳税款的时候，要遵循《中华人民共和国增值税法》《中华人民共和国企业所得税法》《中华人民共和国个人所得税法》《中华人民共和国税收征管法》等法律的规范和约束。

（9）劳动类法律

公司经营离不开人，而公司作为用人单位就要遵守《中华人民共和国劳动法》《中华人民共和国劳动合同法》及相关的配套的法规的规定，同时为劳动者缴纳各种社会保险。

（10）《中华人民共和国会计法》（简称《会计法》）

公司运转各种经济指标都要通过数字来体现，而体现的数字都要符合《中华人民共和国会计法》的规定，不能违背该法及配套法规的相关规定。

（11）《中华人民共和国担保法》（简称《担保法》）

公司经营的时候，不仅涉及为人担保，也可能涉及找人担保，这方面就要受到《担保法》的调整。

（12）《中华人民共和国企业破产法》（简称《破产法》）

公司的终止，就是公司作为法人人格的消灭，无论是股东自行决定解散还是申请法院解散，都要成立清算组。这时的操作，《公司法》有规定，而到了资不抵债的时候，申请破产就要受到《破产法》的调整。

（七）课堂活动

小组讨论

1. 企业遇到困难，决定降低薪水标准，职工还要敬业吗？
2. 有人认为财富是靠劳动得到的，而不是靠节约得到的，你怎么看？
3. 在实际工作中如何才能与同事友善地相处？
4. 有人认为讲奉献就要吃亏，你怎么看？
5. 未满十八岁的人可以担任公司法定代表人吗？
6. 成立公司最低注册资本是多少？
7. 网络盗窃和网络诈骗有什么区别？
8. 在网上开店要交税吗？

（八）拓展阅读

《中华人民共和国电子商务法》

随着内地经济水平的迅速提高，居民消费能力也在不断上升，而网络技术的发展，为大众带来了丰富的消费体验，淘宝、微商，甚至主播们的商品推荐，都为我们带来了消费的便利。但是，无论是微商、淘宝店铺等，都涉及商品的交易和资金的流转，依照税法精神，只要涉及商品或服务的交易，以及资金的流转，都应该依法进行纳税。但在电子商务蓬勃发展的这些年中，内地并没有专门针对电子商务行为进行约束的法律，因此导致了电子商务中出现多种侵犯消费者权益的行为发生，严重影响了电子商务的健康发展。随着《中华人民共和国电子商务法》（简称《电子商务法》）2019年1月1日起正式实施，涉及电子商务的多种行为将受到约束。

1. 哪些电子商务行为需要进行工商登记

首先，需要了解电子商务经营者的概念，才能更好地了解《电子商务法》所管辖的范围。《电子商务法》所称的电子商务经营者，是指通过互联网等信息网络从事销售商品或者提供服务等经营活动的自然人、法人和非法人组织，包括电子商务平台经营者、平台内经营者及通过自建网站、其他网络服务销售商品或者提供服务的电子商务经营者。也就意味着微商、淘宝店主恐怕都需要进行商业登记才能开展销售活动了。

2. 电子商务法规定了商家哪些责任

（1）商家刷好评将被追责。电商平台上最为常见的"好评返现""雇佣水军刷好评"等行为，都将被禁止。其原因为《电子商务法》规定，电子商务经营者应当全面、真实、准确、及时地披露商品或者服务信息，保障消费者的知情权和选择权。电子商务经营者不得以虚构交易、编造用户评价等方式进行虚假或者引人误解的商业宣传，欺骗、误导消费者。

（2）默认搭售商品也将违法。《电子商务法》规定，电子商务经营者搭售商品或者服务，应当以显著方式提请消费者注意，不得将搭售商品或者服务作为默认同意的选项。对于违反上述规定者，由市场监督管理部门责令限期改正，没收违法所得，并处五万元以上二十万元以下的罚款；情节严重的，并处二十万元以上五十万元以下的罚款。

（3）"双十一"快递不再迟迟不到。因为按照《电子商务法》规定，电子商务经营者应当按照承诺或者与消费者约定的方式、时限向消费者交付商品或者服务，并承担商品运输中的风险和责任。但是，如果消费者另行选择快递物流服务提供商，则卖家可不用承担快递运输途中可能发生的风险。

（4）网上消费押金将不再难退。前段时间，"共享单车"押金无法退回、网定酒店押金难退等问题，引起了很大的社会反响。而随着《电子商务法》的出台，这些问题都将有望解决。《电子商务法》规定，电子商务经营者按照约定向消费者收取押金的，应当明示押金退还的方式、程序，不得对押金退还设置不合理条件。消费者申请退还押金，符合押金退还条件的，电子商务经营者应当及时退还。违反上述规定者，由有关主管部门责令限期改正，可以处五万元以上二十万元以下的罚款；情节严重的，处二十万元以上五十万元以下的罚款。

（5）网约车发生事故，平台将承担连带责任。之前某网约车平台发生的恶性事件，引起了全民的讨论，而此次《电子商务法》也对这类事件做出规定，电子商务平台经营者知道或者应当知道平台内经营者销售的商品或者提供的服务不符合保障人身、财产安全的要求，或者有其他侵害消费者合法权益行为，未采取必要措施的，依法与该平台内经营者承担连带责任。

对关系消费者生命健康的商品或者服务，电子商务平台经营者对平台内经营者的资质资格未尽到审核义务，或者对消费者未尽到安全保障义务，造成消费者损害的，将依法承担相应责任。

（6）电子支付出问题，服务提供者将担责。便捷的电子支付，已然成为中国的一张新名片，让国外友人羡慕不已。然而，在便捷支付的同时，也产生了很多纠纷。《电子商务法》对这类问题也进行了专门规定：电子支付服务提供者提供电子支付服务不符合国家有关支付安全管理要求，造成用户损失的，应当承担赔偿责任。

（7）建立电子商务商家信用评价制度。在某些不规范的电商平台，商家可以自行删除不利于自身的评价。但随着《电子商务法》的实行，这一行为将受到限制。《电子商务法》规定：电子商务平台经营者应当建立健全的信用评价制度，公示信用评价规则，为消费者提供对平台内销售的商品或者提供的服务，进行评价的途径。电子商务平台经营者不得无故删除消费者对其平台内销售的商品或者提供的服务的真实评价。违反规定者，由市场监督管理部门责令限期改正，可以处二万元以上十万元以下的罚款；情节严重的，处十万元以上五十万元以下的罚款。

由此可见，《电子商务法》针对电子商务出现以来产生的各类问题，进行了法律层面的约束，力求使电子商务沿健康的轨道发展，而并不是仅仅要对网店店主、微商等收税而已，更多的是对消费者权益的保护，对商家行为的约束。而对于微商和网店店主来说，最紧迫的一点，应当是为自己的网店进行商业登记，以免引来不必要的麻烦。

（九）实践练习

案例分析

案例 1：

原告王某于 2014 年 7 月 31 日在被告某网络科技公司于天猫商城设立的"TCL 官方旗舰店"购买电视 1 台，花费 4099 元。被告在网页宣传中标注该价格为同期间内的最低价。但经原告取证核实，被告存在价格违法、欺诈消费者的违法行为，严重侵犯了消费者的知情权。原告以被告对其实施价格欺诈为由向法院提起诉讼。

如何看待被告某网络科技公司的经营行为？

案例 2：

2014 年 7 月，美团网推送重庆金易酒楼的团购促销信息：一款价值 522 元的中餐套餐，团购价格为 0 元。重庆消费者蒋鹏、文亚飞用手机抢购了 500 份，当他俩去酒楼消费时却遭到拒绝。美团网称，0 元价格是一起操作失误的乌龙事件，愿意赔偿 500 元团购券。蒋、文二人不接受这种处理方案，将美团网所属的北京三快科技公司及重庆分公司告上法庭，要求获得 500 份团购套餐的消费券。

正常情况下"零元"套餐除非是大型优惠活动，否则团购可能性几乎为"零"，但美团网的 0 元价格事件确实发生了。如何看待这起事件？

案例 3：

2014 年 4 月 20 日原告谢某某受被告天搜公司电话和短信邀请，参加被告以亚太中小企业经济发展研究会及浙江省中小企业研究院名义举办的"2014 转型创新新思维"交流论坛会，并在会上与被告签订《移商平台开发及服务开通合同》一份，价款 18 万元。合同约定，被告提供"掌握新乡"平台 App 服务，原告当场刷卡支付 9 万元。之后天搜公司并未按照合同提供"掌握新乡"平台 App 服务，其向原告出具售后服务卡中"服务约定，享受一次《移商报》专题栏目报道一次"，但经查询合法出版物不存在《移商报》，另查询得知，亚太中小企业经济发展研究会及浙江省中小企业研究院两机构均为不合法存在。天搜公司虚拟相关机构、假借机构名义召开会议，并且在电脑和手机微信中做的宣传会议内容与会议实际内容不一致，天搜公司的此种营销模式已经涉嫌欺诈。

原告谢某某撤销服务合同的诉请能否得到法院支持？合同撤销后，天搜公司应承担何种责任？

十五、强化感恩理念

（一）学习目标

1. 知识目标：认识感恩的重要性
2. 技能目标：提升感恩意识，学会感恩
3. 素养目标：在生活和创业中学会感恩

（二）学习任务

1. 了解感恩的内涵
2. 学习感恩与创业的联系

（三）学习导读

1. 学习强国·每日一读：无法重来的一生，什么才重要最重要
2. 一个让千万人感动流泪的短片《感恩父母》
3. 一颗苹果树的故事

（四）名言警句

孝子之至，莫大乎尊亲；尊亲之至，莫大乎以天下养。

——孟子（儒家代表人物）

慈善的行为比金钱更能解除别人的痛苦。

——卢梭（法国思想家）

慈善行及至亲，但不应仅此为止。

——富勒（英国军事理论家）

不管一个人取得多么值得骄傲的成绩，都应该饮水思源，应该记住是自己的老师为他们的成长播下了最初的种子。

——居里夫人（波兰科学家）

感谢命运，感谢人民，感谢思想，感谢一切我要感谢的人。

——鲁迅（中国文学家、思想家、革命家）

人家帮我，永志不忘；我帮人家，莫记心上。

——华罗庚（中国科学院院士）

忘恩的人落在困难之中，是不能得救的。

——希腊谚语

忘恩比之说谎、虚荣、饶舌、酗酒或其他存在于脆弱的人心中的恶德还要厉害。

——英国谚语

（五）情景案例

踏实创业，饮水思源

“我把别人休息的时间拿来工作，把吃饭的时间让给工作，把睡觉的时间也挤出来拼命工作。”说这番话的不是企业的老板，不是公司的员工，他只是普普通通来自浙江理工大学理学院的大四学生小胡。与他拼命工作相对应的是他银行账户里6位数的存款。而今这部分存款又成了他创办“杭州泰通人力资源公司”的启动资金，用他自己的话说就是做到了真正的“白手起家”。

1. 用兼职攒下的10多万注册自己的公司

“刚进大学时，我就想尝试着看能不能靠自己的能力养活自己，包括自己的学费都想自己尝试着赚赚看。”小胡说。他刚进大学的那会儿，大学生中间掀起过一阵“兼职”热潮，很多学生都在课余时间外出打工赚钱，“我就是通过网络论坛找到了我的第一份工作，一直坚持做到了现在"。

小胡从事的便是现在高校间很红火的素质拓展训练，从最开始给培训机构做代理，到跟着培训师做助理，再到后来他自己考出了素质拓展的培训师，自己独当一面，不过两年时间。"兼职半年之后，我的业绩排名就名列全公司第一，碰上旺季，最多一个月赚了 13 000 元。"小胡颇为自豪地说。

当他的同学甚至学长学姐们还在靠家里接济的时候，小胡在别人眼里俨然成了"小老板"，不但可以帮自己赚到充裕的生活费，还不动声色地留下了一笔数目可观的存款。到大三暑假的时候，小胡用自己积攒起来的这 10 多万元存款和两位好友一起在 2009 年的 8 月份正式注册了自己的公司。

2. 400 多个 QQ 群、10 多万个联系方式打响公司品牌

小胡告诉我们，公司建立初始，他最大的困难就是缺乏人脉，作为一个外地学生，他的交际圈很窄，为了拓宽人际圈，他加入了 400 个 QQ 群，结识不同职业、不同领域的人群。小胡发现，很多公司喜欢通过给学生寝室发传单的形式做广告，学生对这些漫天飞舞的广告单、宣传单早已失去兴趣，纸质广告单的宣传效果不大。他打破了传统发传单的宣传方式，改为与学生基层组织负责人联系。他通过各种关系，用了两个多月的时间，找到了下沙各所大学各个专业各个班级的班长、团支书的联系方式，通过发短信、打电话向班级负责人宣传自己公司的业务。改变宣传方式，很快他便拓宽了宣传渠道。

为了进一步宣传、打响自己公司的品牌，小胡以高品质的服务赢得各基层组织的口碑。他免费为许多学校基层组织做素质拓展培训，以此来宣传自己的公司，打响自己的品牌。他告诉我们："我曾经免费为我们学校学生会做团体辅导，他们反响很好，纷纷向各学院学生会推荐我们公司。只要我们做得好，不用自己说，别人也会替我们宣传。"

注册不到一年，小胡的公司已经初具规模，慢慢走上正轨，开始有了一个月几千元的盈利。小胡透露，现在公司在江西和宁波也有了分公司，总算是慢慢进入了正轨。

3. 工作学习两不误，责任感让他做个好学生、好老板

很多大学生创业者，或许在事业上会取得丰硕的成果，但也因为事业影响学业，小胡深知，学生的本职工作是学习，学习搞不好，事业做得再大也无济于事。大学四年，他从没有逃课现象，他十分注重课堂学习。小胡说："课上学透了，学扎实了，课后我就可以放心地搞我的事业了。作为学生，我的责任就是要努力学习、顺利毕业。"

人力资源开发是个高危工作，因为在做野外素质拓展时，很可能会出现意想不到的意外，小胡拿到的也是"高危行业从业资格证书"。作为一个专职的素质拓展培训师，他把"责任"二字放在首位，"顾客选择了我们泰通公司，我就要对他们负起责任。首先，是保证他们的安全；其次，是让他们真正从我们这里有所收获。这是为顾客负责，也是为我们负责"。

在别人的眼中，小胡的人生刚刚起步就已经有了如此的成绩是多么令人羡慕。但是小胡却有自己不一样的打算，小胡说，他在毕业后，还是会选择先就业再积累多点社会经验。"以我现在的水平想在杭州立足，还是嫩了点。很多大学生在大学期间非常风光，但是在毕业后不及时充电，最后就没落了。我不想让自己被约束，所以还是会继续学

习、锻炼，直到自己有资格挑起大梁为止。"

4. 成功不忘感恩母校，为母校提供就业岗位

小胡说，自己的成功离不开母校的培养，虽然自己学的物理专业和如今的工作联系不大，但在大学，很多教授、老师对他的教育、帮助，给他创业打下了坚实的基础。"记得物理系一位教授说过：'物理是基础性学科，学好了干什么都可以。'我听了他的话感触很深，在大学里，学什么不重要，重要的是学会学习。"小胡告诉我们，学院的辅导员、班主任很支持他创业，在工作和学习遇到矛盾、工作压力过大的时候，他很愿意到办公室找辅导员倾诉，每次从辅导员老师那里都会得到鼓励，让他倍增信心继续走下去。

他还谈到自己做学生干部的经历也有助于他如今管理公司。小胡曾担任过班级的团支部书记，在担任班干部时，他发现班级各项工作要想搞好，同学们要心往一处想，劲儿往一处使，也就是增强班级的凝聚力。做公司和管理班级一样，要想得到利益的最大化，就要让你的每一个职员愿意为工作做事情，形成合力很重要。

小胡说："母校给予我很多，我很愿意通过我的努力，回报学校和老师。"就在上个星期，他就帮助一家合作公司给学校提供了 7 个相关的就业岗位。"我们公司本身就有人力资源的业务，说白了就是委托代理招工，所以有好的就业岗位当然首先就留给学校。"小胡笑着说。除了给毕业生提供就业岗位，小胡也招收了不少前来兼职的学生做素质拓展的助理。"我以前不也是这么一步步过来的嘛！"对每个加入公司的成员，小胡总是喜欢念叨几句，不要执着兼职工资的多少，要先学会吃苦和付出。

（六）知识要点

1. 感恩的内涵

关于感恩的定义和内涵存在多种观点，感恩就是对外界施予自己的帮助，给予发自内心的认可并主动回馈的一种认知、一种情怀和行为。感恩在中国汉语体系中表述为"仁""义""孝"，感念自然创造众生和社会创造人生之恩，感念朋友知遇之恩、父母养育之恩。同时，感恩包括两层含义：懂得感恩和学会报恩。懂得感恩，是指懂得和领会别人给予自己的恩情；学会报恩是指要懂得回报他人，回报社会。

感恩应该是层层递进的过程：首先是识别，其次是认同，然后再是感激的过程，最后才能落实为报答和对外施恩的行为。感恩的内涵应为"人的责任感，他让人体会到生活是获得，而不是索取"。人如果意识不到自己得到了恩惠，就不会想到别人。如果忘却了感恩，人也就不能称之为人。

感恩也就是对给予自己的恩惠所产生的认可并立志回报的一种认识情怀和实践行为。感恩是对帮助和恩惠由衷的认可，并真诚回馈的一种认识、行为或情感。而且感恩是一种素养，它不仅包括道德品质、情感认知，更是一种意识、心态和行为能力。所以总结感恩就是个人获得外界（人、事、物）给予自己恩惠、提携、帮助后，发自内心而产生的回馈之情和付诸回报行动的一种表现。

2.感恩与创业

感恩作为一种积极的情感，会给创业者注入动力，使创业者将目光放长远，对创业活动起到重要的促进作用。在创业中，感恩是一种良好的人格品质，大学生作为新时代的创业者应具备感恩这种良好品格。除此之外，感恩也是创业活动实践中的一种人际型的心理资本。大学生在创业活动中若拥有这种良好的人际型心理资本，则更有利于处理所要面对的人际关系问题，也会提升创业成功率。在实际生活中，一些著名的企业家，他们在创业成功之后，认为感恩是自己当时创业的动力，作为一个企业家更应懂得感恩。

（七）课堂活动

活动主题：讨论如何提升大学生的感恩意识。

（八）拓展阅读

1.羊羔跪乳

很早以前，一只母羊生了一只小羊羔。羊妈妈非常疼爱小羊，晚上睡觉让它依偎在身边，用身体暖着小羊，让小羊睡得又熟又香。白天吃草，又把小羊带在身边，形影不离。遇到别的动物欺负小羊，羊妈妈用头抵抗保护小羊。一次，羊妈妈正在喂小羊吃奶。一只母鸡走过来说："羊妈妈，近来你瘦了很多。吃上的东西都让小羊咂了去。你看我，从来不管小鸡们的吃喝，全由它们自己去扑闹哩。"羊妈妈讨厌母鸡的话，就不客气地说："你多嘴多舌搬弄是非，到头来犯下拧脖子的死罪，还得挨一刀，对你有啥好处？"气走母鸡后，小羊说："妈妈，您对我这样疼爱，我怎样才能报答您的养育之恩呢？"羊妈妈说："我什么也不要你报答，只要你有这一片孝心就心满意足了。"小羊听后，不觉下泪，"扑通"跪倒在地，表示难以报答慈母的一片深情。从此，小羊每次吃奶都是跪着的。它知道是妈妈用奶水喂大它的，跪着吃奶是感激妈妈的哺乳之恩。这就是"羊羔跪乳"。

2. 乌鸦反哺

在许多的传说中，乌鸦反哺的故事是最让人感动的一个故事。乌鸦是一种通体漆黑、面貌丑陋的小鸟，因为人们觉得它不吉利而遭到人类普遍厌恶，正是这种遭人嫌恶、登不了大雅之堂、入不了水墨丹青的小鸟，却拥有一种真正的值得人类普遍称道的美德——养老、爱老，在养老、敬老方面堪称动物中的楷模。据说这种鸟在母亲的哺育下长大后，当母亲年老体衰，不能觅食或者双目失明飞不动的时候，它的子女就四处去寻找可口的食物，衔回来嘴对嘴地喂到母亲的口中，回报母亲的养育之恩，并且从不感到厌烦，一直到老乌鸦临终，再也吃不下东西为止。这就是人们常说的"乌鸦反哺"。

（九）实践练习

观看抖音或者哔哩哔哩关于感恩的小视频，结合自身情况，撰写关于感恩的观后感，不少于 300 字。

十六、树立企业家精神

（一）学习目标

1. 知识目标：了解企业家精神的内涵
2. 技能目标：理解新时代下企业家精神的新要求
3. 素养目标：知行合一，身体力行，在实践中培育、铸就企业家精神

（二）学习任务

1. 参与课堂活动，完成课后练习
2. 结合企业家精神内涵和要求，撰写阶段性创业实践体会

（三）学习导读

1. 习近平时间：弘扬企业家精神
2. 周其仁教授：什么是真正的企业家精神

（四）名言警句

国家会因为有你而强大，社会会因为有你而进步，人民会因为有你而富有，这就是企业家做的事情。你所做的事情，必须瞄准国家的需要、社会的需要，你才会做得起来。

——曹德旺（福耀玻璃集团创始人）

天道酬勤，地道酬善，商道酬信，业道酬精，最关键的就是你赚钱了不要忘记别人，要做善事，必须要讲信誉，产品必须要精致，这四点要是做到了，你什么都能成功！

——马静芬（褚橙庄园董事长）

若要喜爱你自己的价值，你就得给世界创造价值。

——歌德（德国思想家）

抗疫精神就是企业家精神，企业家精神就是担当的精神，就是家国情怀的精神，就是社会责任的精神。

——陈东升（泰康保险集团股份有限公司创始人）

企业家精神就是"吃亏"精神，企业家精神就是思国家之所想，一个人不爱国，还能做什么！

——董明珠（格力集团董事长）

一个人再有本事，也得获得所在社会的主流价值认同，才能有机会。

——任正非（华为创始人）

人才如玉，只有经过精心雕琢，才能焕发出耀眼的光芒。世界上没有无用的人，只有错位的人。

——张瑞敏（海尔创始人）

（五）情景案例

从米店小老板到塑胶大王

当时，祖籍在福建省安溪县的王家过着十分艰难的生活，几代人都以种茶为生，只能勉强糊口。王永庆的父亲王长庚整日照看茶园，微薄的收入勉强支撑着一个家庭的正常开销。9岁那年，王长庚不幸患病只得卧床休养，王永庆开始用自己瘦小的肩膀帮助母亲分担生活的重担。

15岁那年，王永庆小学毕业，先到茶园做杂工，后到台湾省南部嘉义县的一家小米店当了一年学徒。第二年，王永庆做出人生中第一个重要决定，开米店自己当老板，启动资金则是父亲向别人借来的200块钱。

问题随之而来，王永庆的小店开张后没有多少生意，原因是隔壁的日本米店具有竞争优势，而城里的其他米店又拴住了老顾客。不过，16岁的王永庆展现了超强的营销能力，不仅挨家挨户上门推销自己的大米，而且还免费给居民掏陈米、洗米缸，在维系客户关系上逐渐占了上风。此外，当时大米加工技术比较落后，出售的大米掺杂着米糠、沙粒和小石头，买卖双方都是见怪不怪。王永庆在每次卖米前都把米中杂物拣干净，买主得到了实惠，一来二往便成了回头客。有篇文章说，起初王永庆的米店一天卖米不到12斗，后来一天能卖100多斗。

几年下来，米店生意越来越火，王永庆筹办了一家碾米厂，同时完成了个人资本的原始积累。从那个时候起，王永庆的命运开始发生变化。

抗日战争胜利后，台湾经济开始发展，建筑业势头最好。王永庆敏锐地发现了这一点，便抓住时机经营木材生意，结果获利颇丰。这个普通农民的儿子，居然成了当地一个小有名气的商人。这时，经营木材业的商家越来越多，竞争也越来越激烈。王永庆看到这一点，便毅然决定退出木材行业。

20世纪50年代初，台湾急需发展的几大行业，是纺织、水泥、塑胶等工业。当时台湾的化学工业中有地位有影响的企业家是何义，可是何义到国外考察后，认为台湾省的塑胶产品无论如何也竞争不过日本的产品，所以不愿向台湾的塑胶工业投资。出人意料的是，这时还是个名不见经传的普通商人王永庆，却主动表示愿意投资塑胶业！消息传出，王永庆的朋友都认为王永庆是想发财想昏了头，纷纷劝他放弃这种异想天开的决定。当地一个有名的化学家，公然嘲笑王永庆根本不知道塑胶为何物，开办塑胶厂肯定要倾家荡产！

其实，王永庆做出这个大胆的决定，并不是心血来潮，铤而走险。他事先进行了周密的分析研究，虽然他对塑胶工业还是外行，但他向许多专家、学者去讨教，还拜访了不少有名的实业家，对市场情况做了深入细致的调查，甚至已私下去日本考察过！他认为，烧碱生产地遍布台湾，每年有70%的氯气可以回收利用来制造PVC塑胶粉。这是发展塑胶工业的一个大好条件。

王永庆没有被别人的冷嘲热讽吓倒。1954年，他和商人赵廷箴合作，筹措了50万美元的资金，创办了台湾岛上第一家塑胶公司。3年以后建成投产，但果然如人们所预料的，立刻就遇到了销售问题。首批产品100吨，在台湾只销出了20吨，明显地供大于求。按照生意场上的常规，供过于求时就应该减少生产。可王永庆却反其道而行之，下令扩大生产！这一来，连他当初争取到的合伙人，也不敢再跟着他冒险了，纷纷要求退出。精明过人的王永庆，竟敢背水一战，变卖了自己的全部财产，买下了公司的全部产权，使台塑公司成为他独资经营的产业。王永庆有自己的算盘。他研究过日本的塑胶生产与销售情况，当时日本的PVC塑胶粉产量是3000吨，而日本的人口不过是台湾省的10倍，所以，他相信自己产品销不出去，并不是真的供过于求，而是因为价格太高。要想降低价格，就只有提高产量以降低成本。

第二年，他又投资成立了自己的塑胶产品加工厂——南亚塑胶工厂，直接将一部分塑胶原料生产出成品供应市场。事情的发展，证明了王永庆的计算是正确的。随着产品价格的降低，销路自然打开了。台塑公司和南亚公司双双大获其利！从那以后，王永庆塑胶粉的产量持续上升，从最初的年产1200吨，发展到现在100万吨，使他的公司成了世界上最大的PVC塑胶粉粒生产企业。

包括炼油、石化原料、塑料加工、纤维、纺织、电子材料、半导体、汽车、发电、机械、运输、生物科技、教育与医疗事业等。尤其是在石化工业领域，建立起从原油进口、运输、冶炼、裂解、加工制造到成品油零售等一体化的完整产业链，这在台湾是独一无二的企业集团。台塑集团下辖9个公司，员工总数超过7万人，资产总额达3400多元。

根据台湾《天下杂志》近年对岛内2000家大企业实力状况的调查，台塑集团已经跃居台湾各企业集团的龙头老大。王永庆也以54亿美元的身价登上《福布斯》全球顶级富人榜。

2002年，尽管王永庆宣布退休，不再过问集团的具体经营事务，但仍是集团与主要企业的董事长，是台塑集团幕后的舵手与精神领袖。

（六）知识要点

1. 企业家精神的内涵

"企业家"这一概念由法国经济学家理查德·坎蒂隆（Richard Cantillon）在1800年首次提出，即：企业家使经济资源的效率由低转高；"企业家精神"则是企业家特殊技能（包括精神和技巧）的集合。或者说，"企业家精神"指企业家组织建立和经营管理企业的综合才能的表述方式，它是一种重要而特殊的无形生产要素。例如，伟大的企业家、索尼公司创始人盛田昭夫和井深大，他们创造的最伟大的"产品"不是收录机，也不是栅条彩色显像管，而是索尼公司和它所代表的一切；沃尔特·迪斯尼最伟大的创造不是《木偶奇遇记》，也不是《白雪公主》，甚至不是迪斯尼乐园，而是沃尔特·迪斯尼公司及其使观众快乐的超凡能力；萨姆·沃尔顿最伟大的创造不是"持之以恒的天天平价"沃尔玛公司，而是一个能够以最出色的方式把零售要领变成行动的组织。西方发展到19世纪，人们将企业家具有的某些特征归纳为企业家精神，在英文术语使用上，企业家（entrepreneur）和企业家精神（entrepreneurship）常常互换。

2. 企业家精神的特征分析

（1）企业家首先应有工匠精神

"工匠精神"落在企业家层面，可以认为是企业家精神。第一，创新是企业家精神的内核。企业家通过从产品创新到技术创新、市场创新、组织形式创新等全面创新，从创新中寻找新的商业机会，在获得创新红利之后，继续投入、促进创新，形成良性循环。第二，敬业是企业家精神的动力。有了敬业精神，企业家才会有将全身心投入到企业中的不竭动力，才能够把创新当作自己的使命，才能使产品、企业拥有竞争力。第三，执著是企业家精神的底色。在经济处于低谷时，其他人也许会选择退出，但唯有企业家不会退出。

（2）创新是企业家精神的灵魂

熊彼特关于企业家是从事"创造性破坏（creative destruction）"的创新者观点，凸显了企业家精神的实质和特征。一个企业最大的隐患，就是创新精神的消亡。一个企业，要么增值，要么在人力资源上报废，创新必须成为企业家的本能。但创新不是"天才的闪烁"，而是企业家艰苦工作的结果。创新是企业家活动的典型特征，从产品创新到技术创新、市场创新、组织形式创新等。创新精神的实质是"做不同的事，而不是将已经做过的事做得更好一些"。所以，具有创新精神的企业家更像一名充满激情的艺术家。

（3）冒险是企业家精神的天性

坎迪隆（Richard Cantillion）和奈特（Frank Rnight）两位经济学家，将企业家精神与风险（risk）或不确定性（uncertainty）联系在一起。没有甘冒风险和承担风险的魄力，就不可能成为企业家。企业创新风险是二进制的，要么成功，要么失败，只能对冲不能交易，企业家没有别的第三条道路。在美国 3M 公司有一个很有价值的口号："为了发现王子，你必须和无数个青蛙接吻"。"接吻青蛙"常常意味着冒险与失败，但是"如果你不想犯错误，那么什么也别干"。同样，对 1939 年在美国硅谷成立的惠普、1946 年在日本东京成立的索尼、1976 年在中国台湾成立的 Acer、1984 年分别在中国北京、青岛成立的联想和海尔等众多企业而言，虽然这些企业创始人的生长环境、成长背景和创业机缘各不相同，但无一例外都是在条件极不成熟和外部环境极不明晰的情况下，他们敢为人先，第一个跳出来吃螃蟹。

（4）合作是企业家精神的精华

正如艾伯特·赫希曼（Albert. O. Hirschman）所言：企业家在重大决策中实行集体行为而非个人行为。尽管伟大的企业家表面上常常是一个人的表演（One-Man Show），但真正的企业家其实是擅长合作的，而且这种合作精神需要扩展到企业的每个员工。企业家既不可能也没有必要成为一个超人（superman），但企业家应努力成为蜘蛛人（spiderman），要有非常强的"结网"的能力和意识。西门子是一个例证，这家公司秉承员工为"企业内部的企业家"的理念，开发员工的潜质。在这个过程中，经理人充当教练角色，让员工进行合作，并为其合理的目标定位实施引导，同时给予足够的施展空间，并及时予以鼓励。西门子公司因此获得令人羡慕的产品创新记录和成长记录。

（5）敬业是企业家精神的动力

马克斯·韦伯（Max Weber）在《新教伦理与资本主义精神》中写道："这种需要人们不停地工作的事业，成为他们生活中不可或缺的组成部分。事实上，这是唯一可能的动机。但与此同时，从个人幸福的观点来看，它表述了这类生活是如此的不合理：在生活中，一个人为了他的事业才生存，而不是为了他的生存才经营事业。"货币只是成功的标志之一，对事业的忠诚和责任，才是企业家的"顶峰体验"和不竭动力。

（6）学习是企业家精神的关键

荀子曰："学不可以已。"彼得·圣吉（Peter M. Senge）在其名著《第五项修炼》中说道："真正的学习，涉及人之所以为人此一意义的核心。"学习与智商相辅相成，以系统思考的角度来看，从企业家到整个企业必须是持续学习、全员学习、团队学习和终生学习。日本企业的学习精神尤为可贵，他们向爱德华兹·戴明（W.Edwards Deming）学习质量和品牌管理；向约琴夫·M·朱兰（Joseph M. Juran）学习组织生产；向彼得·德鲁克（Peter F. Drucker）学习市场营销及管理。同样，美国企业也在虚心学习，企业流程再造和扁平化组织，正是学习日本的团队精神结出的硕果。

（7）执着是企业家精神的本色

英特尔前总裁葛洛夫（Andy Grove）有句名言："只有偏执狂才能生存。"这意味着在遵循摩尔定律的信息时代，只有坚持不懈持续不断地创新，以夸父追日般的执着，咬定青山不放松，才可能稳操胜券。在发生经济危机时，资本家可以用脚投票，变卖股票退出企业，劳动者亦可以退出企业，然而企业家却是唯一不能退出企业的人。正所谓"锲而不舍，金石可镂；锲而舍之，朽木不折"。在 20 世纪 80 年代诺基亚公司涉足移动通信，但到 90 年代初芬兰出现严重经济危机，诺基亚未能幸免遭到重创，公司股票市值缩水了50%。在此生死存亡关头，公司非但没有退却，反而毅然决定变卖其他产业，集中公司全部的资源专攻移动通信。坚韧执着的诺基亚成功了，如今诺基亚手机在世界市场占有率已达到 35%。

（8）诚信是企业家精神的基石

诚信是企业家的立身之本，企业家在修炼领导艺术的所有原则中，诚信是绝对不能摒弃的原则。市场经济是法制经济，更是信用经济、诚信经济。没有诚信的商业社会，将充满极大的道德风险，例如显著抬高交易成本，造成社会资源的巨大浪费。其实，凡勃伦（Thorstein B. veblen）在其名著《企业论》中早就指出：有远见的企业家非常重视包括诚信在内的商誉。诺贝尔经济学奖得主弗里德曼（Milton Friedman）更是明确指出："企业家只有一个责任，就是在符合游戏规则下，运用生产资源从事利润的活动。亦即须从事公开和自由的竞争，不能有欺瞒和欺诈。"

（9）做一个服务者也是一个企业家应有的精神

我们每个人都是服务者，长松咨询的贾长松曾说过："头顶着天，脸贴着地。"这就是真真切切地告诉我们每个人，要服务好你的每一个客户。"如果你不好好服务你的客户，别人会愿意代劳"。

（七）课堂活动

小组讨论

材料：非洲有句谚语"如果你想走得快，就独自行动；如果你想走得远，就要结伴而行"

1. 从这句谚语启示我们在企业家身上必须有什么精神？
2. 在新时代背景下为什么需要这种精神？原因有哪些？
3. 这种精神，对于创业实践，又能带来哪些优势？

（八）拓展阅读

时代呼唤更多"张謇式企业家"推动经济航船行稳致远

2020 年 11 月 12 日下午，正在江苏考察调研的习近平总书记来到南通博物苑，参观张謇生平介绍展陈，了解张謇兴办实业救国、发展教育、从事社会公益事业情况。习近平总书记指出，张謇在兴办实业的同时，积极兴办教育和社会公益事业，造福乡梓，帮助群众，影响深远，是中国民营企业家的先贤和楷模。

民营经济作为我国经济制度的内在要素，始终是坚持和发展中国特色社会主义的重要经济基础，在国家经济社会中有着重要作用和重要贡献。当前，世界百年未有之大变局加速演进，我国发展的内部条件和外部环境正在发生深刻复杂变化，民营经济规模不断扩大、风险挑战明显增多。广大民营企业家更应当切实履行社会责任。而近代实业家张謇的事迹，为现代广大民营企业家树立榜样、做出典范，为民营企业发展贡献巨大精神力量，让民营企业为稳经济、稳就业做出更大贡献。

清末时期的中国，力量贫瘠，受尽列强之屈辱。在那段艰苦、危难的岁月里，张謇决心放弃仕途，兴办实业，在湖广总督张之洞的支持下创办大生纱厂。1915 年他因反对袁世凯称帝而辞掉所有任职，回到南通故里，继续从事实业、教育、文化事业，在毕生的岁月里，张謇相继开创多家企业和学校，为中国近代民族工业的兴起、教育事业的发展做出了卓越贡献。张謇身上那种爱国、勤奋、有担当的伟大品质，正是当今民营企业家需要不断学习和追赶的目标。企业家要有社会责任感、心怀祖国和人民疾苦，为助力经济社会发展行稳致远不断砥砺前行。

作为我国社会经济基础的重要组成部分，民营经济已经成为推动我国发展不可或缺的力量，成为创业就业的主要领域、技术创新的重要主体、国家税收的重要来源，为我国社会主义市场经济发展、政府职能转变、农村富余劳动力转移、国际市场开拓等发挥了重要作用。壮大民营经济已是实现高质量发展的必然要求，同时广大民营企业家也应在爱国、创新、诚信、社会责任和国际视野等方面不断提升自己，张謇的那种兴业救国、忧国忧民的忠贞品格应成为现代企业家成长路上不可或缺的引领。

大浪淘沙，百舸争流。作为中国民营企业家的先贤和楷模，张謇的事迹无疑为当代企业家们上了无比生动的一课。在当前保护主义上升、世界经济低迷、全球市场萎缩的外部环境下，企业家更要以张謇为榜样，以国家、民族利益为重，发扬艰苦奋斗精神，带领企业奋力拼搏、力争一流，努力实现质量更好、效益更高、竞争力更强、影响力更大的发展，为中国经济航船行稳致远做出新的更大贡献。

（九）实践练习

实践体会

结合企业家精神内涵，以亲身体会为视觉撰写实践心得体会。

要求：（1）体会必须有具体的自身实际案例和所思所得，表述要真情实感。

（2）字数不少于 1000。
